JN222590

“夢”だけでメシを食うために読む本

成田童夢 著

セルバ出版

はじめに…「体育の成績が〝1〟でもオリンピックに出られる」

裏技や楽に叶う方法ではない

はじめまして、成田童夢です。

この度は本書を手に取っていただきありがとうございます。

間違いのないように先にお伝えしますが、本書は「夢」だけでメシを食うのに裏技や何もせず楽に叶う方法について書いた本ではありません。しかし、何としてでも本気で夢だけでメシを食いたい方は、このままお読みいただければそのためのヒントが散りばめられています。

そのヒントをしっかり読み取って実行さえすれば、間違いなく夢だけでメシを食べられます。

誰でも簡単に夢をつかむための行動を実践できていれば、世の中は夢だけでメシを食べている方々で溢れているでしょう。

だからと言って、夢は必ずしも高尚なものである必要はありません。

夢と聞いてハードルが高く感じるかもしれませんが、願望や憧れる人物像など、はじめのうちはなりたい自分やなってみたい自分を漠然と想像してみてください。

その具体化が夢なのです。

体育の成績が〝1〟でもオリンピックに出られる

私は幼少期から今に至るまで、自慢じゃないですが運動神経がとても悪いです。誰よりも足が遅く、ボールは蹴っても投げても明後日の方向に行き、ラジオ体操の振りを一向に覚えられない。だから中学時代の通信簿では、5段階評価中の最低である〝1〟しか取ったことがありません。

それでも世界一になれる。そしてオリンピックの代表にもなれるのです！
私が身をもって証明しました！

当たり前のことですが、オリンピックを目指していなければ実現しなかったし、その先の夢や目標がなければ途中で諦めていたと思います。ただ、スランプや挫折などの葛藤を乗り越えたからこそ成し遂げることができたのだと実感しています。

夢に向かって行動するのは生きる活力になり、ポジティブになりやすい傾向があります。

そしてもちろん家族、スポンサー、応援していただいた方々の支えがあったからこその功績です。

関わった方すべてに感謝の気持ちがなければ、何事もうまくいくはずがありません。

そんな私が受け取った夢の力を、今度は伝えていくべきだと思い今回の執筆に至ったのです。

2024年12月

成田童夢

WITH ME
天心
飯田由美
日本アウトドアトレーニング協会
SAKEすみ川
宮下紗織
(株) SAVE FUN
荒木洋二
松本剛毅
(株)YST
We

〝夢〟だけでメシを食うために読む本　目次

第4章 夢をつかむためのお金と時間の使い方

第5章 何より環境が一番大事

第6章　弱いメンタルを強いメンタルにする方法

第7章　夢を達成したその後

第1章
夢をつかむために
私がやった7つのこと

1　人が10倍なら、自分は１００倍

複数回の反復練習

私はもともと何をしても鈍臭く、物覚えが悪かったため常に劣等感を抱いていました。

幼少期より父親がコーチとして四六時中指導をしてくれていたのですが、あまりにも上達速度が遅すぎるので、普通であればサジを投げるところを色々と模索してくれたのです。

練習方法の見直し、身体に合わせたトレーニング方法、成長期に合わせた食事。さまざまな方法から見出した答えは「複数回の反復練習」でした。

正解か不正解かはやってみなければわかりません。

しかし、普通の人が10回練習するところを強豪選手がその10倍の１００回練習すれば、もとから備わっている基礎能力も加味してさらによいスキルが間違いなく身につきます。一方私の場合は、その基礎能力が皆無に等しかったため、さらにその10倍の練習量で補ったというわけです。

回数をたくさんこなすことにより、10回より100回、100回より1000回行ったほうが経験値も積み重なり、「これだけは誰にも負けない」という自信につながりました。

スモールステップ

この複数回の練習ですが、毎回必ず同じ結果になることはありません。

何故なら、区切りのいい回数ごとにテーマを変えながらステップアップしていくからです。

たとえば「バク宙」を例に挙げて説明します。

最初からいきなり挑戦できるのは、相当センスのある方や運動能力が高い方です。

大抵は恐怖心が勝ってしまい、はじめから断念してしまいます。

それを回避するためにも、まずはマットを敷いて安全を確保してから、背中から後ろに倒れるという動作をします。これを10回。

次にジャンプをして膝を抱えて、同じように背中から着地。これまた10回。

これで後ろへ倒れることの恐怖心が薄れるので、ジャンプをして背中で着地までの動作をしてから後ろに10回でんぐり返し。

今度は少し回転数を増やして、肩から着地してでんぐり返し。10回。

ここで補助を入れて、ジャンプの際に膝を思いっきり天井に蹴り上げて回転すると頭も回り切って四つん這いで着地できます。これも10回。

ここまでで計50回になるわけですが、明らかに一番はじめからは進歩しており、バク宙の形に近づいたはずです。

このようにバク宙1つとっても、段階を踏んで練習することにより上達することができ、自分が不得意とする箇所を重点的に練習することでそこに対する恐怖心がなくなります。

わかりやすいようにバク宙を例に挙げましたが、すべての物事に共通して同じことが言えます。

質は量から

つまり、ただ回数を重ねればいいという根性論ではなく、自分の力量を把握しそこから自分の苦手とする部分を見つけ出して、そこを補うために回数をこなして苦手意識をなくすことが必要です。

また、それとは逆に自分の得意とする部分を強化することで、他の追随を許さない自分だけの武器に昇華することができます。

その方法として数値化しやすいように10倍、１００倍と書いていますが、回数だけではなく、そこに費やす時間や労力、お金などやり方はさまざまです。

私の場合はスポーツというカテゴリーだったので練習量でカバーしていましたが、根本的なことは変わりません。

質を求めるのは、まず量をこなしてからでも遅くはありません。

2

何事も最低１００回やってから考えろ、よし悪しはそれから

最低１００回ルール

今度は回数についてです。

２、３回やっただけではそれが自分にとって向いているかどうかなどわかりません。

成田家では「最低100回ルール」というものがありました。

これはそういった精神や心持ちでやるという単なる合言葉ではなく、本当に100回やらないと次のことができないというもの。

スポーツに関してだけではなく、勉強に関しても同じでした。

計算問題然り、文章問題然り。

これが不思議と折り返しの50問辺りからスラスラと解けるようになり、後半からは最初に解いた時間の半分くらいで解けるようになります。

その要領で勉強していた結果、小学校に入る前には大検レベルの問題を解いていました。

(今ではチンプンカンプンですが、笑)

100回で50分

感覚的には、小さい子とお風呂に入るとき「100まで数えたら出ようね」というのと変わらないのかと思います。

これを習慣的に繰り返すことによって、100回というのが大層なことではなく、当たり前の日常となったのです。あと、1回に要する時間が約30秒と、長くない時間であったことも継続できた要因でした。

仮に1回の動作が30秒だとした場合、１００回で50分。後半はスムーズにできることが多いので40～45分で終わります。

実はこれ、小中学校の授業時間とほぼ同じです。

というのも人間が集中力を持続できる時間は約50分だといわれています。なので、１００回というのはとても理に適《かな》った回数であり、何度も反復することによって基礎が固まり応用にもいかせるということなのです。

１００回やると自分の得意不得意が浮き彫りになり、弱点を克服するための指標にもなります。

これらはあくまでも私が導き出した「１００回やることの意味」であり、当時、私自身は意図していませんでしたが、身になっていたことは事実です。

習慣の見える化

一度１００回やるだけでは身につきません。毎日の継続が必要です。

そこで成田家では、１週間分の表をつくって壁に貼りつけていました。

つくり方は簡単。

Ａ４のコピー用紙を、横にして真ん中を中心に３回折り、次に縦にして同じく真ん中を中心に３回折って計64マスをつくります。そして、紙を開いて横向きにし、一番上の横の段に日付を１週間分書きます（左上は名前を書きます）。続いて縦の段に、１００回やる項目を７つ書きます。これで完成です。

あとは毎日やったところに、シールやスタンプを貼っていきます。

単純計算で１日の中で、合計約６時間確保できれば完璧です。

とはいえ、これは１つの動作を30秒と仮定した場合なので、腹筋や腕立てなど１秒もかからない動作であればあっという間に終わります。

何より毎日継続して１００回繰り返し、それを習慣化することで昨日の自分からは大きく成長します。

スマホではなく、紙に書いて常に目に見える位置に表があるのもポイントなので、お忘れなく。

どんなことでも習慣化させるには、毎日の継続が欠かせません。

課題を可視化して行動を反復し意識を高めることで、習得に近づきます。この小さな積み重ねが大きな成長へとつながり、自分を変える力となるのです。

3
劣等感の塊だからこそ「努力の天才」になれた

劣等感を抱く毎日

私たち三兄弟は、小さな頃から年間通してさまざまなスポーツをしていたのですが、常に妹や弟と比較されてきました。妹は女子の中ではいつも成績がとてもよく、弟は類稀なる才能で運動能力がずば抜けていました。

それに対し私は、全員同時にはじめたことでも1人だけ覚えるのが極端に遅く、注意力も散漫で、しかも自分の興味のあることしか真剣に取り組めない性格でした。

また、家族間ならまだしも他人から声をかけられると急に黙り挙動不審になる極度な人見知り。

躾が厳しかった父は、挨拶ができなかったら平手で頭を叩き、やる気が出ず練習に身が入らないときは「根性が弛んどる！」と言って足で蹴られる、というのが日常茶飯事でした。

それは妹や弟が私と同じようにできなかったときも、長男の管理不足や連帯責任という理由で鉄拳制裁を受けていたので、父の一挙手一投足にビクビクと怯えていました。

そんな感じで自分は何をしてもダメという劣等感に苛まれながらも日々を過ごしていたのですが、日本代表になって選手適性を測るために体力測定のみならず、色々なテストを受けて、その結果判明したのが、

ＡＤＨＤ、自閉スペクトラム症、ＰＴＳＤ…。

ある意味、納得。

自分自身を理解したうえで、マイナスからのスタートだと思うようになってからは気分も軽くなり、より練習に打ち込めるようになったのです。

急がば回れ

やればやるだけ成長していく、これを体感できたのは私にとってとても有意義なことでした。

わけがわからない状況でただ前に進むよりも、自分がほかの人よりも劣っていると自覚することによって、前向きな気持ちで取り組むことができ、練習量だけ

は誰にも負けないくらいになっていたのです。

成長に近道はありません。

急がば回れというように、回り道をしてでも自分の足で一歩ずつ進むことによって、着実に成長することが可能であると私は思います。

努力の天才

これらは根性論に近いかもしれません。

このご時世、効率を重視することが多くあり、その本質を見抜けていない方がほとんどではないかと思います。効率という面から見たら、私の実体験を振り返っても無駄なことは確かに多かったでしょう。

ただ、成功の数より失敗の数を積み重ねたことの意味は大きかったと思っています。

多少のミスもリカバリーできたり悪条件の中でも難なく乗り越えられたりしたのも、この経験則があったからだと自負しております。

そんな私を見て一切褒めなかった父が、現役引退後に私に放った言葉が印象的でした。

「お前は普通なら飽きて諦めるところを何度も同じ練習をして、ついにはオリンピックにも出られた。確かに才能はなく天才には程遠かったが、結果を残した。**お前は努力の天才だ！**」

はじめは耳を疑いましたが、途中で投げ出さず最後までやりきって本当によかったと感極まったのを覚えています。

成功はいくつもの失敗を糧にしてでき上がる副産物であると考えます。人を超えるには人の倍、それで足りないならば10倍、１００倍と時間や労力を使うのも一手です。

4

優勝以外は価値がない

競争心は向上心

突然ですが、ここで1つ問題を出します。

日本で一番高い山は富士山ですが、二番目、三番目に高い山は何でしょうか？すぐに答えられる方は、山が大好きか国土地理院の職員くらいではないでしょうか。

このように大抵の場合は、一番しか知られないことがほとんどです。そして、これらはすべてに当てはまることだと私は思います。

まず一番を目指すという競争心がなければ、向上心が生まれません。向上心がなければ、現状維持に注力してしまい何も発展が起きません。はたしてこれでいいのでしょうか？

極論ですが、向上心はこの世に生まれてきた意味に直結することだと私は思うのです。

小さなことでもかまわないので、一番になることを考えてください。その達成感の積み重ねが大きな一歩の足がかりとなります。

アスリートは「優勝」に貪欲

スポーツの世界では認知がとても大切。

悲しいですが、世の中結果がすべてです。

どれだけ上手であったとしても、大会で成績を残せなければただの人。

勝つべきところでしっかりと実績を残すことも、重要なポイントとなります。

私も出場する大会で常勝していたわけではありません。

その日の雪質や天候などのコンディション、体調、他選手とのレベル差、採点競技のためジャッジの好み、運など勝つにはさまざまな要素が絡んできます。これらが合致するように自分のポテンシャルを高めていなければなりません。

圧倒的に群を抜いてうまければ、そこまで考える必要はないと思うかもしれませんが、油断は禁物。

全日本選手権、ワールドカップ、世界選手権、オリンピックなど大型大会の時に最大限の力を発揮して勝ててこそ、周知してもらえるのです。

そしてアスリートは「優勝」の二文字を賭けて戦うからこそ単純明快で、それ以外には見向きもせず打ち込むことができます。

小さな実績の積み重ね

しかし、実社会では順位づけされることがアスリートと比べてとても少なく感じます。

スポーツのように試合があるわけではなく、目標を立てるにもその明確な指針がないと決めづらいと思うのです。

解決策として、はじめに小さな枠組みの中から実績をつくっていくこと。

たとえば、学校のクラスで一番になる。内容は試験でも体育でも何でもかまいません。そこから徐々に範囲を広げて、学年、学園、地域、県、地方、全国となればおのずと自信もつきますし、目標を見失わずに全力投球できます。

ここで注意することは、決して驕《おご》らないこと。

舞台が大きくなればなるほど、妬みややっかみがついて回ります。

外野の罵倒は基本的に無視してもいいのですが、自分自身の頑張りだけでその地位まで登ったわけではありません。

表立って見えなくても、陰では家族、教師、友達、クラスメイトなどの支えがあったからこそ成し遂げられたことだと自覚するのも大切です。

5

記録より記憶を

記録は塗り替えられる

前項で実績を残せと書きましたが、いきなり真逆のように感じるかもしれません。

しかし、これはあくまでも先ほどの延長線上の話になります。

スポーツの世界では常に記録との勝負です。

私のやっていた競技はジャッジによる採点方式のため、点数という記録はその時の状況によって変化するのですが、スピード競技は時間という記録がずっと残り続けます。

ただ、いずれはその記録も技術が進歩する度に塗り替えられていき、自分が打ち立てた記録はなくなり忘れ去られてしまいます。

そうならないように記憶に残るような言動や行動を起こすことが、人にいつまでも忘れられない秘策となります。言葉で書くととても簡単に見えますが、意外と考えることが多いのです。

これは目立ちたがり屋の私だからこそ、考えついたことなのかもしれません。

いい意味で期待を裏切る

ありがたいことに私はオリンピックから19年経った今でも、メディアにちょくちょく出させていただいています。当時の同じオリンピックに出場した選手で、今もなおコンスタントにメディア露出をされている方はほんの一握りかと思われます。

もちろんメディアで取り上げられることがすべてではありませんが、私の場合はいつまでも現役であり続けたいという思いがあり、積極的に名前を残す行動をしてきました。

そのためには、人がやっていないことをする。

つまり考えられる予想から大きく外れたことをするのが、１つの手段だと思ったのです。

たとえば、スノーボード選手が引退してその後に考えられるのが、スノーボードのインストラクターやスノーボードショップの店員など、スノーボードに携わる職業につくことだと思います。

そんな中、私は引退記者会見の時、自身の引退発表と同時にアイドルのプロデュースを行うことを発表したのです。

スノーボード関係者は唖然としていましたが、その後ポップカルチャータレントとしてメディア露出をし、声優業、俳優業、アニソンＤＪなど多岐にわたる活動をしてきました。

自分の好きなことや好奇心を最大限にいかし、はじめてのことにも果敢に挑戦して結果を出せば、自然と注目を集めることができます。

記録も記憶も残す

私の場合は、振り幅が大きすぎて参考にならないかもしれませんが、それもすべてオリンピック選手という肩書きがあったからこそ、比較的早く成し遂げられたと思うのです。

記憶に残すということは、それ以上の記録を残さなければ意味がありません。ただ最近は、過去に得た記録を自ら塗り替えられるほどの記憶をつくり出すことに燃えています。

記録とは自分の存在感を示し、記憶は自分の認知を高めてその先に行う活動の補助となります。近い将来、自分が成し遂げたいことがあるならば、まずはその道で結果を残し、そこから自分だけのオリジナリティーを磨いて賛同者を増やすことこそが全体的に記憶に残す人になる近道になるのではないかと思います。

優先順位をつけることと、記録と記憶されることの両方ともが重要であるということ、そしてそれらを遂行する戦略が必要であることさえ覚えていただければ、あとは実践のみです。

目に見えて残る記録と心や脳裏に刻み込む記憶。どちらも他者に与えた結果ですが、それらを常に上回るように自分自身を高めることが重要です。自分が

行動することによって少なからず他者に影響をもたらしているので、驕らず邁進することを心がけていきましょう。

6 大衆メディアの使い方

マスメディアに出るには

近年、YouTubeやInstagram、TikTokなどさまざまなSNSメディアが流行しています。

しかし、そこまで流行しているメディアであっても、四大マス（Mass＝大衆）メディアであるテレビ・新聞・雑誌・ラジオの影響力は盤石です。

理由は簡単でSNSメディアは興味のある特定の人にのみ情報を発信しますが、マスメディアは年齢や性別に関係なく不特定多数の方に発信ができるからです。

マスメディアに企業の商品や情報を発信してもらう手段として、数十万～数百万、下手すれば数千万円の金額を払うというやり方があります。それがコマーシャルです。

ただし、個人では不可能です。

では、個人がマスメディアに露出したいと思った場合、どうすればよいでしょうか？

タレントやアーティスト、アスリートなど何かに特化した職業につくということが考えられます（アナウンサー等はテレビ局職員のため除外）。

一芸がなければ取り上げられることもないため、マスメディアに出たい方は、まず自分の力量に合った方法に特化してみてください。

仕掛人は父

私がはじめてマスメディアデビューをしたのが６歳の時でした。

「天才モーグルスキー少年」というタイトルで、スキー雑誌に連載で取り上げていただきました。同年にはテレビでも取り上げていただいたのです。

実はこれ、すべて私の父が仕掛けていたのです。

父はファッションフォトグラファーという肩書きでカメラマンをしており、さまざまなテレビや雑誌で活躍していたアーティストでした。

それで培ったノウハウで、幼少期よりメディア戦略で露出させてくれていたのです。

そのお陰で、多数のスポンサー様についていただきました。

前述したとおり、一般企業がコマーシャルを出す場合は多額の金銭が必要となりますが、すでにメディア露出している子どもとスポンサー契約をするのであれば、そこまで高額ではなく、私とスポンサー両者とも有益になります。

このように戦略を立てた上で実践した父は、とても聡明で偉大だと痛感します。

第二のキッカケ

現役引退後、私も父の行った方法を取り入れてメディア露出をする手段を模索しました。

アイドルプロデュース、ギネス記録挑戦、ポケモンGO最速コンプリート。

とにかくニュースになりそうなネタを探してはそれに全力で取り組んでいたところ、転機が訪れます。

オリンピックを踏み台にした男

フジテレビ系「アウト×デラックス」にて、「声優になるためオリンピックに出場した、悔いはない。」という私の言葉を受けて、オリンピックを踏み台にした男と紹介されたのです。

この番組をきっかけに、ポップカルチャータレントとして第二の成田童夢を歩むことができました。

そして、30代後半からの第三ステージ。

次はどのようにしてマスメディアに露出しようか、考えるだけでワクワクします。

すべては計画、戦略があってこそ。うまく活用していけば、自分の活動に対して十分な追い風になることを知っているので、ターゲットや目的を明確にし、適切なタイミングで発信することが大切です。

7
世界一・世界初にこだわる理由

世界標準

私の中で世界という認識は、１つの基準に過ぎません。

人生の中で三度、世界一という称号を取りましたが、世界初というのはまだ一度も取ったことがありません。しかも、そのすべてが10代後半〜20代前半の間で人生の四分の一という早い段階で成し遂げました。

そういった経験から世界というのは身近にある事柄で、決して手の届かないものではないと思って今もトレーニングを積んでいます。今までも、何度も気を失うほどトレーニングをし、人の何倍も練習しなければいけませんでしたが、人よりも劣っていても練習を重ねることでできたという体験は強い励みになっています。

しかし、世界初というのはまだ誰も成し遂げていない偉業ということもあり、何から手をつければよいのかわからない未知の領域です。

だからこそやる価値があり、自分にしかできないであろうことを考えながら進めていくことが生き甲斐となっています。

世界を見る

世界一や世界初にこだわるのは、もしかしたらただのエゴなのかもしれません。思い返せば私が幼少期にテレビに出る際、常に言っていた言葉があります。

「夢と希望を与えられるプレイヤーになりたい」

この気持ちは今も継続中で、私が世界を取ることで夢や希望を少しでも与えることができるのであれば、その背中を自分の息子たちを含め未来を担う子どもたちに見せていきたい。

それが私にとって、世界を制することだと思うのです。

ここまで大風呂敷を広げましたが、実際はかなり過酷な道です。

世界というのはとてつもなく広く、日本という小さな島国で育っていれば到底考えられない規模になります。

スポーツも国技は別としても、本場の国の選手を間近で見るとそれだけで驚愕しますし、さらにそのプレイを自分の目で見るとはじめは自分との差に圧倒されます。

そこで対等に戦うのには何が必要なのか、自分には何が足りないのかなど得られる情報がたくさん出てきます。

何事も本場の本物を見なければ、世界では戦えません。

どうせ目指すのであれば、世界の頂点を取りに行ったほうが面白くないですか？　現在、世界には約81億人の人々がいますが、その中で頂点に立てと言っているわけではありません。重要なのは、自分が関わる業界や分野の中でトップを目指すことです。そして、どの業界であったとしても、世界一の称号を手にすれば、それだけで世間から高い評価を受けるようになります。

2位じゃダメなんです

目標は高ければ高いほど、そこに使う時間や労力が増えていきます。それに見合う価値かどうかは、自分自身にしかわかりません。

2位じゃダメなんでしょうか?

はじめからそのような心持ちであれば、私はやらないほうがマシだと思います。

1位と2位は雲泥の差があり、3位と4位でも雲泥の差があります。

結果的に2位や3位になるのは仕方がないにしても、世界一というのは何物にも代えがたい勲章なので、生涯かけてでも取りに行く価値があると私は思います。

極端な例ですが、仮に世界中でプレイヤーが1000人しかいない競技があったとして、その競技で世界一になったとしましょう。競技人口がそれほど少なければ、認知度はほとんどゼロに等しいかもしれません。しかし、世界一という称号があるだけで、さまざまな手段を活用して広く認知させることが可能です。

これが世界2位や全国2位だった場合、同じ成果であっても周囲に与える印象は大きく下がってしまいます。二番や三番であっても十分に素晴らしい成果ではありますが、情報発信の観点から考えると印象が薄れてしまいます。

率直に申し上げると、人は「一番」にしか強い関心をもたないのです。

【童夢のこぼれ話　その①】

おれは生まれてこのかた39年、ずっと夢とともに生きてきた。

名前にもついているしね。

だから正直のところ、夢という漢字すら嫌になった時期があったんよ。

そもそも夢って寝るときに見るのはわかるけど、結局叶わないのだったら夢をもつってのもなんか意味ないよねって。

だからわざわざ言い換えて、目標とか願望とか言葉を変えて使ってたんよね。


そしたらさ、まさに夢物語のようなでっかいことばかり言う人がおったんよ。

それだけならまだいいのだけど、ほかの人をおとしめるような暴言も交えて話すもんだから聞くに耐えなくて。だからさ、言ってやったんよ。

「夢ってのはさ、人を幸せにするためにあるもので、人を不幸にするものじゃないんよ。まずは自分を幸せにするための夢をもってみたら?」って。


そこからかな?　夢という言葉が好きになったのは、うん。

第2章
あなたにとって、
そもそも“夢”とは何か？

1 「私は声優になりたい」

猫型ロボットとの出会い

これは中学生の時、父から訊かれて答えた私の夢です。

当時、スノーボードでアマチュアとして活動していましたが、これといった目標もなく国内の大会に率先して出場していたものの、成績が振るわなくて伸び悩んでいました。

スポーツをやる以前の3歳頃から、ほかの子どもたちと同様にアニメが大好きで、特に「ドラえもん」が一番のお気に入りでした。

私が5歳になる前までは、両親が頻繁に海外で仕事をしていたため、祖父母とともに過ごすことが多く、教育という面で文字や言葉、教訓などはアニメやマンガから吸収していたのです。

「ドラえもん」はまさに私にとって人生のバイブル。何度もそれを見ているうちに幼いながら疑問に思ったことがありました。

ドラえもんのあの独特な声は誰がやっているのだろう?

はじめは本当に猫型ロボットがいるのかなと思っていた時期もありました。

それから調べるうちに「大山のぶ代さん（初代ドラえもん）」という声優がいらっしゃることを知ったのです。

将来の選択権

私も男性にしては声が高く特殊であるということを自覚していたので、そこをいかして声優という職業に強く憧れをもっていました。

しかし、スポーツを本格的にやっておりスポンサーもついていただいていた状態だったので、私の夢を気軽に誰かに話すことができず、ずっと1人で溜め込んでいたのです。

ある日、実家の屋上にあるトランポリンで練習していた時、急に父に呼び出されました。

屋上にはカメラがあり、普段の父は自室で私の映像を見て練習風景をチェックし、家の電話の子機をトランシーバー代わりにして指導してくれていたので、私は、父の様子がいつもと違うと思い少々身構えていました。

父の部屋に入るやいなや、第一声「お前、これからどうするんや？」と訊いてきたのです。

私は突然のことでわけがわからず、キョトンとしていました。

「お前の将来のことや、これからどうしたいんや。

このままスノーボードを続けて高校進学を諦めるのか、それともスノーボードをやめて高校に進学するのか、どっちか選べ」

今まで言われるがまま行動をしていたということもあり、こちらに選択権があるということがとても珍しかったので、その光景を今でも鮮明に覚えています。

とはいえ、スノーボードの練習と学校に行く毎日で将来のことなど微塵も考える余裕がなかったのですが、ある意味、ここで自分の本当にしたいことを言わなければ一生後悔すると考え、この時はじめて心の内を明かしたのです。

夢の熱弁

この当時は今ほど声優という職業が世の中に定着しておらず、声優について熱弁する必要がありました。父は私がここまで自分の思いを語るのははじめてということもあり、しっかりと聴き入ったうえで、このように返したのです。

「つまり声の俳優ってことやな、それやったらスノーボードでオリンピックに出たら好きなようにやったらええ。その代わり、今季中にプロ資格を取ることも条件や」

私はこの時からようやく自分の声優になる夢に向かって歩き出せたのではないかと思います。

それからというもの、がむしゃらに自分の夢を叶えるために練習し、その年にプロ資格取得、そしてオリンピック出場を果たすことができました。

オリンピック出場後に自分の夢を忘れて、色々と遠回りをしてしまったのはまた別の話。

2

三大欲求こそが夢の第一歩

三大欲求とは

人間には食欲・睡眠欲・性欲という三大欲求がありますが、夢を見つけるうえでとても重要なことになります。夢に向かって心を豊かにしていくステップは、この三大欲求が一歩目になり、夢を見つけることに直結しているからです。

それでは1つずつ見ていきましょう。

食欲

まずは食欲。これは夢とまではいきませんが、願望として叶えやすいものとなります。

たとえば、美味しいフランス料理を食べたいとした場合、どのようなことを考えますか？

5000円程度で食べられるランチで済ませるのも1つの手段ですが、どうせならディナーでフランス料理を堪能したいと思う方も多いのではないでしょうか。

また、高級レストランではなく、もっと手軽に本格フレンチを楽しんでみたいという方もいらっしゃると思います。

「こんな場所でこんな料理を食べたい」と具体的なイメージをし、手始めに食欲という願望を叶えられるようにすることで、夢の第一歩にすることができるのです。

睡眠欲

次に睡眠欲。夢を見つける上での食欲・性欲と比べて、現実的な願望になります。

仕事や学校・プライベートが忙しくて睡眠不足になってしまっている方も多いのではないでしょうか？　また、質の高い睡眠を取れていないと日中でも眠くなってしまうこともあるでしょう。

まずは、自分の今の睡眠状況をよく考えることからはじめましょう。質のよい睡眠とは何でしょうか？　それは規則正しい生活リズムだといわれています。

朝型の人は朝の光を浴びながら起床し、夜型の人は寝る前にリラックスできるような状況をつくることが大切です。

また、寝る場所や環境も重要になります。適度な身体の疲れがあるとリラックスできて、心地よい眠りにつながるといわれています。また、寝具を自分の身体に合ったものにしたり、ベッド周りを整理することも考えてみてくださいね。

性欲

最後は性欲です。これは決していやらしい意味ではなく、言い方を変えれば承認欲に近いかもしれません。

誰かに認められたい、チヤホヤされたいという気持ちから夢に発展させるのも、私は全く問題ないと思います。かく言う私がそうでしたから（笑）。

私は5歳からスキーをしていましたが、当時はスキーブーム。大学生や新社会人でスキー場は溢れかえっていました。その人たちの前で滑ると、小さい子がほかにいないということもあり「チョコチョコ滑ってる〜!」「可愛い!」と、それはもうチヤホヤされました。

その記憶から、もっとチヤホヤされたいと思うようになり練習に励んだのです。バンドをはじめた理由、テニスやサッカーをはじめたキッカケ、要はモテたいからやるということは意外と多いはずです。このように、はじめは不純な動機であったとしても、やがて本格的にやりはじめるということもあります。あとはこの気持ちをどれだけ持続させられるのかが鍵となります。

3 最大の理解者は意外と身近にいる

夢を真っ先に伝える相手

夢を見つけることにおいて、周りの協力は必要不可欠です。自分1人の力のみで叶えられるのは、非常に限られます。

ささやかな夢の実現に向けて、周囲の人々と協力し合い知識や経験を共有していくことで、より確かな大きな夢を見つけることができます。

理解者を見つけ出すためには、自分の夢を言語化して伝えなければなりません。いきなりは難しくても、何度も話すうちに理解してくれる方々がいることがわかるのです。

私の場合は家族でした。

親、配偶者、祖父母、子ども、兄弟、親戚などはじめは自分が話しやすい人に伝えてください。その人は自分の人となりをある程度知っているため、なぜそのような夢をもったのかを理解しやすいはずです。

夢の共有

勘違いしないでもらいたいのは、友人に自分の夢を語るのが悪いわけではありません。

ただその友人との関係性が重要です。自分がもつ夢を一緒に叶えたい仲間である必要があります。もしくは真のライバル。なぜなら互いの成長につながり、切磋琢磨して磨き合えるからです。

しかし、自分の夢を押しつけたり、仲がよくない人に夢を語ったりしてはいけません。

相手がウンザリするだけならまだよいのですが、裏切りや足を引っ張られるようでは目も当てられません。あくまでも自分にとって理想的な相手を選ぶのです。

さて、友人はあなたにとってどんな存在でしょうか？

自分を見守る仲間？

時には助言をするライバル？

それとも、ともに夢に向かうパートナー？

その見極めも夢を伝えるうえで重要なポイントとなります。

理解者は夢の協力者になり得る一番近い存在です。その中でも家族は近しい存在ですが、時には友人にも自分の夢を共有して、さらに視野を広げてみてもよいかもしれません。

そうすることで自分とは異なる意見や価値観を取り込め、予想外の可能性を発見できるでしょう。それが夢の実現の大きな原動力となるのです。

励ましの言葉

励ましの言葉として、よく言われる「頑張れ」や「頑張ってください」。

このように言う人には、自分の夢をどれだけ語っても時間の無駄です。

理由は簡単で「自分とは無関係だけどとりあえず励ましておこう」といった社交辞令的なものなので、親身になって応援はしてくれないからです。そこは感謝の意だけ述べて、聞き流してしまいましょう。

それよりも「応援しているよ」や「期待しているよ」と言われたほうが嬉しいですよね。

また、自分の夢を否定せずに聴いてくれる人には心を開いてみるのもいいでしょう。

肯定し応援してくれる人の中には、あなたの夢について真剣に考えてくれる人もいるはずですから。

もしそういう人がいたら、その人のアドバイスに耳を傾けてみてください。

そして、あなたの夢の実現に向けて協力していこうという姿勢がある人であれば、心強い味方になってくれるでしょう。夢への第一歩は、自分が台風の目になって周りを巻き込んで進んでいくものですから。

4

〝誰〟と〝何〟のために自分は動くのかが重要

夢の原動力

これは夢の原動力にまつわるお話です。

私もはじめのうちは「自分」の「私利私欲」のために活動してきました。しかし、これだと何も生み出さないし無意味なものだと感じたのです。

これは間違った考えであったと周りからの反応を得て痛感させられましたし、この答えは自分が実際に行動に移し身をもって体感しなければ出ることがなかったものです。

もしかすると正解などないのかもしれません。ただ、自分が選んだ考えが間違っていたと思ったからこそ、考えを改めることができました。

家族や恋人など、自分以外の身近な人のために一度動いてみてください。下手したら自分のエゴで終わるかもしれません。それでもやり続けることによって、いずれそれは自分のためであったとわかる時がきます。

自分のためだけだと、限界がきて妥協してしまいがちです。背負うものや守るべきものができたとき、人は一皮剥《む》けるのだと思います。

私利私欲は先がない

夢を聞かれて、大抵は自分の私利私欲を答えると思います。

車が欲しい（物欲）、お金持ちになりたい（金欲）、有名人になりたい（承認欲）。これらは自分1人が一時的に幸せになって、その先がありません。

中には「世界平和」という大きな夢をもつ人もいますが、具体的なプランがないことがほとんどです。一番多いのは「平凡な毎日を送れれば幸せ」と言う人です。自分の日々が充実して、幸せを感じられればそれも1つの成功だと思います。

ただ、これだと誰も応援したいという気にはなりません。アスリートを応援する方が多いのは、自分ではできないことを体現し成功する様《さま》を見て大きな喜びを得る人が多いからです。

元競技者の観点から言うと、競技をやりはじめた頃はただ勝つことしか考えていませんでしたが、日本代表になった辺りから「自分が勝つことによって勇気をもらえる人がいる！　俺はその人のために頑張る！」という意識に変わってきました。

やることは同じでも、少し角度を変えるだけで意味が大きく変わります。

自分に跳ね返る

30代後半に入り、私は活動するうえで夢に対する目的が変化してきました。現在は、第一に家族のため、そして、未来を担う世界中の子どもたちのために活動しています。

誰のために頑張れるのか、何のために頑張れるのか。

それは自分にしかわかりませんし、実際に思ってみなければよし悪しもわかりません。

別に「家族思いは素晴らしい」だの「自分を犠牲にして人のために動くのって素敵」だの、そんな綺麗事を言っているわけではありません。

まずは自分を応援してくれている方へ報いるために行動してもよいですし、まだ見ぬ誰かのために動くのもよいと思います。

何をやったとしても、結局やっているのは自分に変わりないので、結果的によいことも悪いこともすべて自分に跳ね返ってきます。

2つ注意しなければならないことがあります。

1つ目は、誰かに言われて誰かのためにやるのは控えたほうがいいということです。自分の意思決定ではないため、気持ちと行動がチグハグになり、いい結果が生まれません。

もう1つは、誰かのためにやったとして、結果が伴わなかったとしても人のせいにしないこと。すべて自分が選んで行動した結果なのですから。

5

目標・願望・夢の違い

目標は通過点

目標・願望・夢の違いをすぐに答えられるでしょうか？　真っ先にその違いとして思い浮かぶのが、期間だと思います。

目標は1年以内、願望は5年以内、夢は10年以内に達成できそうな事柄で期間を設定してみましょう。その場合、一見して、期間の短い目標が一番容易に見えるかと思います。

一方で、目標は1年以内に達成しなければいけないので、時間的に余裕のある願望や夢のほうが描きやすく達成できる確率が高いと思われるかもしれません。

この目標ですが実は、夢を達成するための通過点にしか過ぎないのです。そのため、別々に分ける必要はありません。

目標は背伸びをすれば手が届き、願望はジャンプすれば手が届き、夢は走ってロイター板などの道具を使って手が届くという認識が近いかもしれません。

目標を設定する際は、はじめに最終的な夢を念頭に置いたうえで、自分が取りかかれることを考えれば、おのずと今やらなければいけないことが見えてきます。

夢≠職業

本来であれば夢を決めて、その逆算で願望、目標と落とし込むのが最善策ですが、現時点では夢が不明確な場合があると思います。その場合は、漠然とした夢で問題ありません。

しかし学生に夢を訊いた場合、驚くことにすべての回答が「職業」なのです。公務員、プロスポーツ選手、歌手、保育士、芸能人、ＹｏｕＴｕｂｅｒ等々。

私が考えるに職業は願望であり、お金を得るための手段でしかありません。

夢というのは、願望の先に見据えるもの。たとえば、警察官なら警視総監、スポーツ選手ならオリンピック金メダリスト、歌手ならビルボードチャート1位。このように具体的な夢があると、目標や願望が見つけやすいです。

長距離走でゴールが定められていないレースはいつ終わるかわからず、はじめる前から不安になるはずです。人生も同じ。ある程度、夢というゴールを決めておかなければ、将来が不安になります。

私が見る限り、人生に迷われている方がとても多く感じます。

夢は1つじゃなくていい

願望の先に夢があると書きましたが、先に夢を決めたほうがいいというのには明確な理由があります。結論から言うと、夢は複数もってもよいのです。

夢の数だけ願望ができ、目標が生まれます。この夢についてですが、必ずしも大きい必要はありません。いくつもの夢の中から優先順位の高いものを選び、それから着手していけばよいでしょう。

時間や金銭に余裕があるのならば、同時並行で別の夢に向かって進むのも1つの手段です。ただ覚悟をもって、すべてをこなすという決意が必要です。どちらも中途半端になるようであれば、夢を1つに絞り注力することをおすすめします。

私が12歳の時、冬はスキーとスノーボード、夏は水上スキーとウェイクボード、その合間の春と秋にヒーリーズ、いずれもプロとして5つのスポーツを同時並行でやっていました。

それぞれ別々の夢をもって…。しかし、流石に体が追いつかなかったため、それぞれ全日本優勝という節目に、スキーと水上スキーを引退しました。

やる気にさえなれば、わらじは何足でも履けるのです。

6

主導権は自分にしかない

人に委ねない

夢に向かって走るうえで、気持ちや思いはとても大切なものとなります。夢に対し、応援や協力があったとしても最終的に自分で勝ち取らなければなりません。他力本願では成し得ないのです。

賭け事やくじなど、運に左右されるものは夢とは言えません。それで勝ち得たものは泡銭にしかならず、一時的な幸福感で終わります。それを元手に事業をはじめるとしても、もともとの計画がないため破綻する可能性が高いでしょう。

童夢チャンネル

夢を実現するにあたって、まずは自分が動かなければはじまりません。人は、その行動に共感して応援や協力をしてくれます。

その際に助言をもらうこともありますが、最終判断はすべて自分です。自分にとっていい助言と思えるのなら聴き入れるのもよいですが、すべてを聴き入れる必要もありません。

よかれと思っての助言も、時には余計なお節介にもなり得るのです。

やらされている

私は物心がついた時からスポーツをし、その生活が普通だと思っていました。その時は特に夢や目標などなく、父と一緒に遊ぶのが楽しかった記憶があります。そして、経緯は覚えていないのですが、大会に頻繁に出場し、負けて悔しいから次頑張る、というモチベーションのみでやっていました。

その頃は父が目標設定をし、それに向かって練習するという日々が続いたのですが、途中から何のために大会に出て、その目標を目指さなければならないのかがわからなくなりました。

そうすると練習にも身が入らず、怠けるばかり。私は大会などで1年の半分以上学校に行っておらず、そんな中、同世代の子たちは学校に行き、友達と放課後遊んでいて、正直うらやましかったです。

久々に登校するときはトロフィーやメダルを校長室にもっていき、朝の全校集会で発表してもらっていましたが、嬉しくもなんともありませんでした。あと、登校するのはテストの日くらいで、クラスメイトからは「学校休めていいよな」とよく言われていました。

まさに「やらされている」状態で、自分の夢もなく惰性で練習する毎日を送っていました。

自発的に行動

中学生になって、ほんの些細なキッカケから一変します。中学生といえば、異性にも興味を示す年頃。同じ競技をしていた女の子に片思いをしていました。

大会で私が優勝した時です。準優勝した子のお姉さんが、その子に対し「あんなダセェ奴に負けてんじゃねーよ」と放った言葉が私の耳に飛び込んできたのです。それがまさに、私の片思いしていた相手でした。その言葉が私の胸に深く突き刺さりました。

それからというもの、一度も想いを伝えることのなかった失恋を乗り越えて、誰にも有無を言わせないほどうまくなりたいと強く思い、自ら練習に打ち込むようになったのです。

自分から率先して行動することで、夢や願望、目標が浮き彫りにされていき、最終的にオリンピック出場まで行くことができました。

はじめのうちは周りの影響や環境でやっていたとしても、自発的に行動することで物の見方がガラッと変わります。人生は誰かのためのものではなく、自分のものです。そこに支えてくれる人たちがいるからこそ、夢を実現化することができるのです。

夢の意思決定の主導権は、自分にしかないのです。

7 はじめる時期は〝今〟

急がない慌てない

行動は早いに越したことはありません。とはいっても、まず何から手をつければよいかすらわからない方もいらっしゃると思います。そんな時は、夢についてゆっくり考えてみるのもよいでしょう。

自分が諦めない限り夢は逃げません、夢への最短ルートを見つけましょう。

仮に夢を「世界一周して異文化に触れ、そこで培った経験をいかしてビジネスをする」とします。その場合、まず願望に落とし込みます。これはどれくらいの期間を使って世界一周するかです。

この夢だと船で渡航し現地に数泊するだけでは、欲しい情報は得られないでしょう。

では、飛行機でまずはどこに行って、何を得るまで滞在するのかなど具体的に決めていきます。それから目標ですが、渡航費を得るためにいつまでにどれくらい必要なのか、同じ働くなら旅行に関するところで働いたほうが一石二鳥ですね。

このように夢を決めてから逆算し、それに必要な期限を決めていくことで具体的にはじめる時期がわかります。

夢は計画的に

物事にはタイミングがあります。

夢について大まかな計画を立てるのに最長1か月、準備は場合にもよりますが1〜2か月、そして1つの目標に取りかかるのに長くても3か月あれば問題ありません。誤差はその都度修正していきましょう。

1つの目標は半年〜1年以内で遂行できるものにし、途切らせないことも重要です。区切りで休むことも必要ですが、完全に休まないこと。

スポーツの場合、1日休めば3日、3日休めば1週間の遅れが出ると言われています。怪我で動けなくなったとしても、その間もイメージトレーニングや可動可能な範囲で感覚を忘れないようにしておけばすぐに復帰できるのです。

何の計画もなしに行動をしてしまうと、結局もう一度最初からやり直さなければならないことも出てきます。結果は綿密な計画を立てることによって、構築されていくのです。

トライアル&エラー

計画が立てられたら、いざ実行です。行動を起こせば必ずと言っていいほど、ミスが起きます。それはどれだけ入念な準備をしても、起こり得るのです。それでもかまいません。やり続けましょう。

トライアル&エラー、つまり何度も試行錯誤して改善点を見つけていきます。やらなければ悪いところもわからないですし、自分に合っているかどうかもわかりません（ちなみによく使われるトライ&エラーは和製英語です。国外では通じませんのでご注意を）。

そして、はじめのうちは人と比べても何もわからないものです。周りの人と比べるよりも、まずは自分を基準にして考えてください。

昨日より今日、今日より明日と日々成長するだけでも大きな進歩です。自信をもってください。

夢というのはとても長い道のりです。でも、途中にある目標や願望を達成していくことによって、徐々に現実味を帯びてきます。

夢をもち、それに向かって進むことができるのは人間の特殊能力です。まずはやるべきことをコツコツとこなしていきましょう。

【童夢のこぼれ話　その②】

好きなことをしている時ってご飯食べるの忘れるよね？　そんな時ってない？　ついつい集中しすぎて、いつの間にか夜になっていたこと。

20代の時はアニメ見たりゲームしたりでそんなことがよくあったんだけど、最近は先にお腹空いたり眠くなったりするんよね。

もう40近いし、歳のせいかなって思ってたんよ。

でもさ、ボードしていたら1日中滑っていても全くお腹減らんのよね。好きの中でも度合いがあって、やっていて時間が経つのを忘れるってくらいのが最高レベルに大好きなことなのかなって思うんよ。

集中してたらよく周りの音が聞こえなくなるし、何ていうの「ゾーン」に入った状態ってやつ？　それが続くんよ。やっていること以外の感覚も鈍るし。だから空腹感感じないのかな？

あ・・・そういえば、これ書いていたらご飯食べるの忘れていたな、うん。

【童夢のこぼれ話　その③】

夢について語っているけど、みんなそれぞれ何だかんだもっているんよね。大小はさまざまだけど。

でも自己表現をする機会って少ないから、周りに流されてただ毎日を流れるように過ごしている人が多いんじゃないかな。

もっとさ、馬鹿げた夢を誰の目も気にせず話せる世の中になればいいなって、つくづく思うんよ。

おれは幼稚園の時の夢が歯医者だったんだけど、それこそ単純な理由よ。

歯科衛生士さんにキレイなお姉さんがたくさんいて、そんなお姉さんに毎日囲まれている歯医者さんがうらやましかったんよ。

周りが大人だらけだったからマセてたんよね、ホント。

それからしばらくして、とある歯医者さんと仲よくなって色々話を聞いたんよ。

現実はそんなに甘くないなって知ったよ、うん。

第3章
自分が何者かを知っているか？

1 「好きなこと」をリストアップ！（言語化することで現実味を帯びる）

100個のリストアップ

「好きなことをリストアップしましょう」と言われると、多くの人が戸惑ってしまうはずです。一般的なアプローチは「好きなことを10個書いてみてください」というものが多いと思います。

しかし、私の方法は少し異なります。「あなたの好きなことを100個リストアップしてください」。おそらく多くの方が100個もの好きなことを挙げることに「えーそんなのできないよー」と驚くでしょう（笑）。そして100個も書くことには何の意味があるのか、疑問に思う方もいらっしゃるかもしれません。

では、なぜ100個なのか。最初の10個は比較的簡単に思いつくことでしょう。30個なら、何とか出せる人もいるかもしれません。が、その後はほとんど出てこないのです。完全にストップしてしまいます。

しかし、それ以降の51個から100個が本当に重要なのです。なぜなら、最初に思いつくものは確かに好きなことではあるけれども、自分が『本当に好き』かどうかはわからないものも含まれています。しかし、残りの51個から100個は、自分がじっくり考えて出した『本当に好き』なことになります。

それは自分自身を深く見つめた結果なのです。

ですから、この51個から100個が非常に重要です。最初の10個におおまかな概念が出てきますが、その最初に挙げた好きなことを細分化したものが、51個から100個に含まれているからです。

まずは好きなことを100個リストアップして、そのリストをブラッシュアップしていくことで、本当に自分が好きなことが見えてくるのです。

好きの具体化

頭の中では好きなことがわかっているのに、書き出してみると意外に言葉が出てこなかったり、うまく表現ができなかったりします。

それは、妄想の範囲内におさまっているからかもしれません。

たとえば、はじめの10個の中に「果物が好き」と書いたとしましょう。

しかし、書き進めていくと最初に比べて書くことがなくなっていき、50個の中に「イチゴが好き」、100個の中に「あまおうが好き」と、最後のほうには具体的に追加されていきます。そうすると、本当に好きなのは果物というよりはあまおうが好きということがわかります。

年一更新

リストアップは1年に一度行うと、自身の変化に気づきます。2回目に書くときは、はじめに書いた100個のリストは見てはダメですよ(笑)。はじめに書いたことを忘れていたとしても、1回目に書いた時間の約半分くらいで仕上がるはずです。

2回目のリストアップができたら、その2枚を照らし合わせてみましょう。1年後に書いたものと全く同じものもあれば、全く違うものが追加されていることも多々あります。これは心境や環境の変化に伴って、去年の自分より成長した結果です。

好きなことが1年経っても変わらず継続しているということは、それだけ思い入れがある、ということになります。

好きなことと夢は一見かけ離れているように見えますが、夢を見つけるうえで

『好き』は一番想像しやすいものになります。まずは軽い気持ちでリストアップしてみましょう。

2

「やりたいこと」をリストアップ！（自分の行動を予知する未来視）

期限つきリスト

先に言います、これも100個書きます(笑)。しかし、好きなことのリストアップと大きく違うところがあります。それは、やりたいことの期限をもうけることです。

まず、100個を均等に5つに分けます。そうすると1つ当たり20個になりますよね。

この20個のやりたいことを、1年以内、3年以内、5年以内、10年以内、人生最後の瞬間まで、の5つで書いてみてください。

順番はどれから書いてもかまいません。これらを書くには、なるべく地に足のついた自分が達成できそうなやりたいことを書くのが望ましいです。

やりたくてもできない実現不可能なこと、たとえば「1年以内に火星に行く」など無理難題なことは書かないようにしましょう。リストアップする目的がブレてしまいます。

100個書けたら、さらにブラッシュアップしていきましょう。

未来を見据える

今度は、なぜそれをやりたいのかについて深掘りしていきます。シンプルな理由でいいのです。自分が思ったまま素直に書いていきます。これはほかの人に見せるものではないので、どれだけ恥ずかしい理由でもよいのです。

1年以内にやりたいことは、自分の現状を考慮して書いているので比較的理由も書きやすいです。しかし、期限が長くなるにつれて、やりたい理由が曖昧になってしまいます。ですから、自分の人生最後の瞬間までにやりたいことから順に理由を埋めていくことが大切です。

この方法を行うことで未来の自分が見えてきますし、ただの理想論ではないため、計画性が身につきます。普段から未来を見据えて、考えて、行動している方には物足りないかもしれませんが、私はこのように書き出して行動を起こすようになってから、みるみる行動パターンが変わっていきました。

人は頭の中でぐるぐる考えているだけではドツボにハマっていきます。子どもの頃のように純粋な気持ちでいいのです。

「戦隊モノのヒーローになりたい。悪者をやっつけて、か弱い女の子を助けられてカッコいいから！」これで答えとして１００点満点です（笑）。

無計画は行き詰まる

未来が見えないと、毎日生きるのが辛くないですか？　私は辛いです。

でも、約束された未来は逆につまらない。明日は何が起こるかわからないけど、まだ見ぬ未来に向かって全力で走るのはとても楽しいし、充実した毎日が送れます。

私はこれまで無計画にやりたいことを片っ端から色々とやってきました。それこそ、時間とお金の浪費が凄まじかったのです。

そこから得たものは、好きなことややりたいことを闇雲にやるだけでは、何も身につかないということでした。

オリンピック出場から2年経ったある日、音楽のヒップホップというジャンルが好きでラップを歌いたいと思い、夜な夜なクラブに行っていました。

そこで知り合った4つ年下の男の子とユニットを組み、頻繁にクラブに出入りして歌っていたのですが、将来のことについて言い争います。

私は音楽活動をするのならば目指すは武道館。相方はとりあえず好きな音楽を一緒にできればいいという、すれ違いが起きてしまったのです。

もし、未来に向かって計画を立てていたとすると、たとえば「最終的に目指すのは武道館だけど、まずは都内のクラブだけではなく、地方のクラブでも活動して名前を売っていこう！」などの提案をできたかもしれません。

しかし、当時はとにかく突っ走ってしまい、結果的にユニットは無期限休止。というように、考えるのを放棄してただ無計画に突っ走ると、悪い方向へと進んでしまいます。

見切り発車をせずに、先を見据えて計画を立てることで、目的地に着実に近づく道筋が見え、効率的に成果を得ることができるのです。事前の準備こそが成功への第一歩です。

3 「得手・不得手の把握」で弱点を補強できる

水は火に強く、火は草に強い

自分の得意なこと、不得意なことをそれぞれ知っていますか？

これを知っているのと知らないのとでは、スタートの時点で大きな差が生まれます。

やはり自分の主観だけだと偏見が生まれてしまうので、自己判断のみならず、他者判断も交えて知ることが重要になってきます。

ただ、得意不得意は数値化できるわけではないので、判断が難しいうちの1つです。

ゲーム「ポケモン」のように、水は火に強く、火は草に強いという風に、しっかりと目に見えてわかりやすくハッキリしていればよいのですが、実際にはそうはなりません。

得意なことはまだしも、不得意なことはもしかすると経験が浅くコツを得られていないから不得意だと思い込んでいるだけなのかもしれません。

バランス型と特化型

得手・不得手なことは、前項の「好きなこと」と「やりたいこと」にも通ずるものがあります。ただ、好きだけれど苦手なこと、やりたいことだけれどできないことなど、中には矛盾してしまうものもあります。できないこと、不得意なことはその物事にたくさんの時間をかけることで、できること、得意なことに変わっていきます。

優先的に考えなければならないのは、好きなこととやりたいことを重要視することです。

不得意なことは時間がかかるものの、やり続けていればもともと得意なことよりも、さらに得意なことになるということも十分あり得ます。

また、弱点の克服、つまり不得意なことを改善するうえで2つのパターンで乗り越えることができます。

1つは、不得意なものを得意なもののレベルまで引き上げて、全体の平均値を高めていく「バランス型」。

もう1つはそれとは逆に、得意なことを強化することで不得意な部分をカバーする「特化型」があります。

適材適所

身体や精神など基礎的な能力向上に関しては、このバランス型をおすすめします。どんな夢をもっていたとしても体が健康でなければ続けられませんし、気持ちが沈んでいるようでは思うような結果が残せません。

一方で、技術や技能など自分のオリジナリティーを出すことに関しては、特化型のほうがよいでしょう。これはもとの得意な能力を高めていくことによって、より得意な分野での才能を開花させていくからです。

つまり、両方できるというのが最強です。もちろん、これは一例であり、どんな風に夢を達成したいかによって「バランス型」や「特化型」を使い分ける必要もあります。

短期的な目標であれば長所を特化したほうがいいですし、長期的な目標であれば身体や精神の安定を土台にしながら自分の強みをいかすこともできます。

しかし、メンタルなどの内面的なものや感覚的なものはわかりやすく数値化できないので、柔軟に対応しましょう。

夢はいくつかあるでしょう。ですから、自分でその夢に合わせたやり方を考えてみてください。

4
「自然と笑顔＝多幸感」を得たプロセスを再現する

無意識な笑顔

ここ最近、無意識に笑顔になったことはありますか？　私は毎日、妻や息子たちの顔を見るだけで自然と笑顔になっています。あと、雪山や緑豊かな自然の中にいる時も笑顔になっていると思います。

この自然と笑顔になる現象というのは、好きを通り越して愛情に似た感覚だと思うのです。意識的に笑おうとするとぎこちない顔になりますが、心の内側から溢れる幸せいっぱいの感情で形成された顔は、見ている人も穏やかな気持ちになります。

この多幸感は、夢を見つけるうえでとても重大なヒントになり得ます。自分が得た経験をもとに再度、同等またはそれ以上の多幸感を得られそうな夢であるか。

そして自分の夢が、ほかの人に対しても同じような多幸感を与えられる夢であるのかを考えてみましょう。

普段から何も考えず笑顔になれる方は難しいことを考えなくてもよいのですが、楽しくないことばかりで営業スマイルや愛想笑いが板についている方は注意が必要かもしれません。

些細なことで

オリンピックで予選落ちをした後、周りにいた人たちは蜘蛛の子を散らすように離れ、メディアではさまざまなバッシングがあって人間不信に陥り、1年半～2年ほど引きこもっていた時期がありました。ある日、外に出たら全然知らない人に急に話しかけられ「オリンピック惜しかったじゃん、次頑張ってよ」と励ましを受けたのですが、愛想笑いで返すことしかできなかったのです。

それから自堕落な生活を送っていたのですが、何気なくテレビを見ている最中に流れていたギャグ系のアニメでいつの間にか笑えていたのです。そのアニメのタイトルは忘れてしまいましたが（笑）。

人は些細なことで笑顔になれるのだと思い、これを皮切りに廃人だった自分を立ち直らせてくれたアニメを含めた文化をもっと広めるべく、ポップカルチャー（当時はサブカルチャー）タレントに転身したのです。

人生のどん底だった自分は、心の内から湧き出た笑顔によって救われたのです。

笑顔は武器になる

笑いのツボは人によって違います。特に自然と湧き出る笑いのツボは、なかなか見つけられません。

こればっかりは自分が体感するしかないと思います。

そして無意識に笑顔になった体験を忘れないようにしてください。

覚えておいてほしいのは、行動ではなく、その時の感情です。なぜかと言うと、目標を達成できなくて落ち込んでしまったとしても、

「大丈夫、また次頑張ればいいさ」

と、即座に前向きな気持ちに切り替えることができ、タイムロスをなくせるから

です。

笑顔は最高の武器です。

「笑う門には福来る」という言葉があるとおり、笑顔の回数が増えればポジティブにもなれるし小さなことも気にしなくなります。また、笑顔は喜びと楽しみを足して半分に割ったような感情だと思うので、周りも幸せにしてくれます。

ヘラヘラ笑うのとは意味が異なるので、誤解のないように（笑）。

5

「過去・現在・未来＝時間軸」を制すれば、今やるべきことが見えてくる

過去の振り返り

自分がどんな人物なのかを知らなければ、夢を見つけることは難しいのです。

自分を知るためには、はじめに過去に何をしてきたのかが判断材料になります。

そして、自分の過去をなくすことはできません。よいことも悪いことも、必ず一生つきまといます。

生まれてこのかた一度も悪いことをしたことがない人というのは、聖人でもな

い限りいないでしょう。

今までの人生が仮に悲観するようなことばかりだったとしても、落胆しないでください。それを理解できただけでも進歩です。過去の自分を乗り越えて、今から未来を変えていけばよいのです。

過去の栄光に縋《すが》りついて、今を疎かにするのはもってのほかです。昨日より今日、今日より明日へとステップアップできるように毎日過ごしてみてください。

106MC

私は『オリンピック選手』という肩書きを嫌悪していました。スノーボードとは全く関係のない芸能の仕事をしても、必ず『元オリンピック選手』だの『元スノーボード日本代表』だのついて回るのです。

それが嫌で芸能活動をはじめた当初、紹介するときは「肩書きを何もつけずに成田童夢とだけ言ってくれ」と伝えていました。

しかし、「あのオリンピック選手の方ですよね?」と言われてしまうのです。

そこで考えたのが、ラップを歌う際は別の名前に変えるというもの。『MC MZQ(エムシー　ムジーク)』として活動したのですが、全くと言っていいほどクラブで歌わせてもらえない日々が続きました。

当時のユニット名も『ＭＫⅡ（エムケーツー）』でトヨタ車を彷彿させるようなネーミングでしたが、覚えてもらうことも叶わなかったため、相方が改名を提案。相方の名前が『ＫＩＤ（キッド＝若者という意）』、そして私の名前がそもそも独特ということもありその音を使って『１０６ＭＣ（ドームエムシー）』にし、ユニット名も２人の共通の趣味であったアニメからインスパイアされて『きどいち！』になったのです。

この「ドーム」という呼び名で活動してからというもの、やはりお客さんの中でちらほらと気づく方があらわれ、そこから吹っ切れました。隠しても無駄なのだと。

そして久々にマスメディアに出演する際に、オリンピックを踏み台にした男として紹介されてからメディア露出が一気に増えていったのです。

最初はオリンピック選手という肩書きではなく成田童夢自身を評価して欲しいという気持ちがありましたが、過去に行ってきたことすべてが「成田童夢」なんだと考えられるようになりました。

気持ち１つでここまで変われるのです。

過去があるから今がある

過去は切っても切り離せないのであれば、活用したほうが人生は得します。その過去をふまえて、今何をしなければいけないのか、将来はどのようにしていくのがよいかを考えるのが得策です。

私の一番の課題は「元オリンピック選手・成田童夢」を上回る成田童夢を築いていくことです。

過去があるから今がある、未来の自分を構築するためにも今を疎かにしないこと。

過去や今の積み重ねが、未来の自分になっていくのです。

6

「第三者視点」で自分を見て、評価できると、視野が広がる

周りからの意見

俯瞰的に自分を見つめる、急にそんなことを言われても普通はピンとこないかと思います。もっと簡単に説明すると、周りから自分はどのように見られている

のかを知るということです。

周りからの評価って自分から訊かない限りわからないでしょう。ただ、訊いた相手との仲がよすぎるとその人の主観が入るので偏った意見になり、正当な評価を得られないのです。

そのため、そこまで関わりは深くないけど毎日顔を合わせるような人からの意見が参考になります。

具体的には、学校だと自分とはあんまり関わりをもっていないクラスメイト、会社だと直属の上司や部下ではなく同じ部署内だけどあまり会話をしてない人から意見を聞いてみるといいでしょう。

そうすると自分では気づいていないことがわかったりします。そこが大事です。

そもそも基本的にあまり関わりがない人からは、客観的に自分を見てもらうことができます。

そんな人だからこそ純粋な意見がもらえますが、時には辛辣な言葉をもらうことも覚悟しておいてください。

自分を知ることは怖いですが、知らないままのほうがさらに怖いと思いませんか？

人の振り見て我が振り直す

今度は自分が周りを見る番です。今までは意識をせずに見ていたと思うのですが、その時の印象と意識的に観察した時とでは相手がガラッと違って見えるかと思います。

私は基本的に他人に無関心だったのですが、周りの人を意識して見ることによってそれまで私がスルーしていたささいなことに気がつくようになりました。

1つひとつの所作が丁寧であったり、言葉の節々に温かみがある方がいることに気づき、人に感謝するようになりました。

そして私が感謝の念を伝えると、感謝の気持ちが返ってくるのです。

意識的に見ないと気がつかないことですが、自分がされて嬉しいことをきちんと自分も他人に行えているか、自分がされて嫌なことを人にもしていないか、と振り返るきっかけにもなります。

一見、夢には無関係かと思うのですが、自分自身を客観視し協力をしてもらえるような人物に自分はなれているのかを理解するチャンスでもあるのです。

これは周りが見えていなければできないことですし、自己満足で終わらせるにはもったいないかと思います。

このように周りからの評価を自分でも把握できるようにすれば、今度は自分が周りにもいい影響を与えることができ、結果的によい関係性が生まれると思います。

あらゆる角度から自己評価

夢をつかむためにはプランを組み立てる必要があります。その組み立てる段階で第三者視点と１人称視点を持ち合わせていることによって、これまでに気づいていなかった欠点を見つけ出すことができます。

自分が定めた夢に向かって突き進んでいると、どうしても自分本位での行動を起こしやすくなるものです。

熱中するのはいいことなのですが、時には立ち止まって周りを見渡してみましょう。

一緒に夢を叶えるパートナーや自分の夢を応援してくれる協力者をないがしろにしていませんか？

視野を広くもって行動することにより、自分の立ち位置や現状の把握をすることが可能になります。

仮に現状に行き詰まり先行きが不安だったとしても、一度立ち止まって視野を広くもつことにより、上方修正してもち直すこともできるようになるのです。

自分の評価はあらゆる角度から見ることで具体的になり、そこで知り得た情報をもとに自己肯定感を高めて明るい気持ちで夢に向かって取り組めるでしょう。

7
「経験」こそが最大の武器

1つも無駄がない

今までやってきたことで、やらなきゃよかったと後悔したことはありますか？正直なところ、自分が行ったことに後悔をしても何も生まれません。むしろやったことこそ、1つの経験となるでしょう。

中にはよいことも悪いこともしてきたはずです。それは同じことを違う人がしたとしても、必ずと言っていいほど違った結果になっており、その結果は自分だけの経験になります。

この経験をいかすも殺すも自分次第であり、その時の出来事をどのように工夫すればよいのかを考えることも重要です。

経験は１つも無駄がなく、それは食べられないところがないといわれている豚に似ているのかもしれません。

当たり前の話かもしれませんが、興味のあることは片っ端から挑戦するのがよいでしょう。

やってみてはじめてわかることもありますから。

勝つのは当たり前

私は幼少期よりさまざまなスポーツをしていたわけですが、それだけでなくさまざまな芸能活動を経て気づいた点がいくつかあります。

１つは、物事の考え方は共通するものが多々あるということ。アスリート歴が長く、本来であれば勝つことを目標としてかかげてそれに向かって練習や競技に挑むのですが、成田家はその一歩先を行っていたと思います。

成田家の選手育成方針は【勝つのは当たり前、記憶に残る演技を】というアスリートというより、もはやアーティストに近い考え方でした。

それというのも、私の父がもともとファッションフォトグラファーという肩書きのカメラマンであったのが要因かと思われます。

また、芸能面で言えばライブで歌やMCをやっていた経験が講演会にもいきています。

知識を得るために取ったアウトドア系の資格の数々も、現在私がプレイングプロデューサーとして携わらせていただいている新潟・妙高の池の平温泉アルペンブリックスキー場にて年間を通したアクティビティーの提案などにもいかされています。

ポジティブに転換

経験をいかせられないのは、もったいないのと同時に損をしていると私は思うのです。

必ずしも培ってきた経験すべてがいかされるわけではありませんが、機転や捉え方1つでガラッと経験の意味が変わり今後の活動の手助けになるでしょう。

発想の転換は過去の経験から生み出されますが、にもかかわらず、自分で制限をかけてしまうことがほとんどです。

たとえば、スキーとスノーボード。もともとスキーをやっている方がスノーボードをはじめようとするとき、ネガティブ思想の方ならどう考えるでしょう？

「全くの別物だし横に滑るのなんて怖くてできない」といった具合に拒絶や否定から入ってしまいます。

しかし、ポジティブな方であれば「スキーと同じように山を滑るし、横向きだからスキーよりもスピードが出ないから大丈夫」と思うのではないでしょうか。

それぞれスキーの経験があったとしても考え方1つで、大きく結果が変わります。

今までやってきたことを無駄にしないためにも、早い段階から夢に近づいたという経験を積んでいくことが重要となります。その経験の1つひとつが理想に近ければ近いほど、夢に到達するスピードが速くなるのは明確です。

無理のない範囲でたくさん経験を積んで、いろんな場面に対処できる応用力を身につけることも大切なので、果敢にチャレンジしていきましょう。

ネガティブな感情自体は悪いものではありません。むしろリスクへの意識を高める役割があります。それをふまえ、リスク回避のためにポジティブに行動しましょう。

重要なのはネガティブとポジティブのバランスです。この気持ちの切り替えができれば、さまざまな事態に柔軟に対処できます。

【童夢のこぼれ話　その④】

スノーボードをやってて「怖くないんですか？」ってよく聞かれるんですけど、そりゃ怖いに決まってるじゃないですか。

で、「どうやって克服したんですか？」とも聞かれるんですけど、克服した覚えなんてないんですよ。

アスリートでケガしたことない人なんていないですしね。

ケガした時は、もちろん怖さはあるんですけど、結局そのケガをしてる自分と仲良くするしかないんですよ。

恐怖も同じ。

克服するんじゃなくて、うまくつき合うことが大事なんだなって思うんですよ、うん。

第４章
夢をつかむための
お金と時間の使い方

1　嫌な仕事はしなくていい

誰のため

　そもそもですが、私は仕事をしているつもりがありません。言葉遊びに近いと思われるかもしれませんが、一体誰のために、何のために〝仕えて事〟を成し遂げるのでしょうか？

　現在の仕事が自分のためになっていると思えなければ、やる意味はないと私は考えます。

　ただ語弊がないように言いますと、まずは何事も挑戦は必要です。やりたくないことでも、一度試してみる。自分に合うか合わないかは結果が出てから判断しても遅くはありません。

　自分の夢を達成するために必要不可欠なことは率先してやるべきですが、嫌だと思う仕事というのは大抵やらされている、または、自分が望んでいない事柄のはずです。

給料がどれほどよくても、自分の身につかなければ何の意味がないのです。

仕事をすると、少なからず不満は溜まります。この不満を抱えてでも下手な妥協をせずにやり遂げたいと思うものこそが、自分に合った仕事なのかなと思うのです。

居候時代

私はオリンピック出場後、成績が振るわなかっただけでなく、夢を見失ってしまい、生きる希望をなくしていた時期がありました。

スポンサー契約を打ち切られ、収入が完全に途絶えてしまって家賃や光熱費を払うことができなくなり、知り合いの家に居候をさせてもらっていたのです。

とはいえ生きるためにはお金を稼がなければならず、色々なアルバイトをして細々と生活していました。居酒屋、バーテンダー、インターネット開通作業員…。

ここまで見ると、スノーボードでオリンピックに出た経歴をいかした職業に就けばいいと思われかもしれませんが、当時はこの業界からなるべく遠いところで身を隠して働きたいと思っていたのです。

しかし、どこで働いたとしてもお客さんにバレる。従業員にバレる。二言目には「なんでここで働いているの？　スキー場やスノーボードコーチとかすればいいのに」と言われる始末。

この言葉を継続的に言われ続けることで、私は人間不信に陥ってしまったのです。

本当にやりたいことの模索

そこで私はすべてのアルバイトを辞め、自分自身を見つめ直し、本当にやりたいことを模索するようになりました。

色々と考えた末、どん底にいた自分を救ってくれたのがアニメや漫画、アイドルといった秋葉原を中心とする文化だったのです。

そこで、その認知度を広げたいと思い、手始めにアイドルのプロデュースをするという結論に至りました。

するとどうでしょう。

今まで生きるためだけに働いていた自分が恥ずかしくなりました。そして、手に入るお金はかなり少なかったですが、とても充実した毎日を送れたのです。

その後は、お金よりも自分の好きなことや、やりたいことに全力投球し続けました。

自己表現の楽しさや周りが笑顔になっていく様を見て、今となっては20代前半でそのことに気づけて本当によかったと思います。

何もかもが順風満帆にいったわけではありませんが、その時の苦労も今となっては貴重な体験ができたと思っています。

今ではスノーボードはもちろんのこと、自然がさらに大好きになりました。

それは『本当にやりたいこと』をやったからわかったことであり、そこから学べることが大いにあることを伝えていければと思っています。

2　自分にとって無駄な時間を極力省く

成長の妨げ

短い人生の中で時間というのはとても貴重なものですが、唯一平等にあるものだと思います。

つまり、この平等な時間を制した人こそが、人生を最大限に楽しめていると言っても過言ではありません。

では、無駄な時間とは一体何なのでしょうか？　価値観は人それぞれ違うと思いますが、すべてにおいて自分の成長を妨げている時間こそが無駄な時間に該当すると私は考えます。

よく「ゲームは時間の無駄」という言葉を耳にしますが、私はそう思いません。人は常に活動できるわけではなく、リラックスをすることも重要です。ゲームをすることで精神を落ちつかせたり、時には計画や戦略を立てて挑んだりすることが必要になる場面があります。

考えは人によって異なるので、自分にとって有益な時間を見つけてみましょう。

省ける時間をなくす

何事も全力で取り組むことによって、無駄な時間はなくなります。誰かにとっては無駄かもしれませんが、自分にとっては必要不可欠なことだってあるのです。そのため誰かに訊かれでもしない限り、わざわざ人の行動を制限するような声かけはやめたほうがいいでしょう。

仮に相談された場合、あくまでも自分主観の時間の使い方やペース配分として伝えてみてはいかがでしょうか？　それをヒントに行動するもしないも、あとは相談してきた人次第になります。

このように考えて生きていると、すべての何気ない事柄も無駄な時間がないと思えてきます。睡眠は次の日のための体力回復に必要な時間ですし、食事も栄養補給のみではなく人とのコミュニケーションを円滑にする時間となるでしょう。

夢を達成するためにも、時間の使い方1つで達成するまでの時間はかなり短縮されます。そして、省ける時間がなくなった時こそ、時間を有効に使えている証となるのです。

時間の使い方は気持ちと連動しているので、ネガティブにとらわれすぎないように心がけてください。

休息時間の大切さ

私がこの考えに至ったのは、まさに選手として現役で活動していた時です。

選手時代は毎年どこか怪我を負っており、シーズン後半ともなると怪我を隠しながら大会に出場していました（怪我が公表されるとドクターストップで出場停止になるため）。

シーズンが終わると全身から悲鳴が上がり、練習を休まざるを得ない状況になっていました。

この時に「すぐに練習を再開しなければ周りとのレベルがかけ離れていく」という焦りの気持ちがあったと同時に「休める時にしっかりと休んで次に備えよう」という休息期間の大切さを体感で知ることができたのです。

休んでいる最中も自分の滑りやライバルの滑りをビデオで比較して研究できましたし、1分1秒を大切に使うことを心がけていました。

時にはゲームをしたり漫画を読んだりして、リラックスする時間をもうけたり気分を高めたりもしていました。

何が大切かというのは本人にしかわかりません。また、無駄な時間を過ごしてしまったとしても同じことを繰り返さないようにすれば、結果的に無駄な時間ではなく知恵となり有益な時間であったと考えを変えることができるのです。

休息時間は心身を整え、次の行動に向けて準備をする貴重な時間。休むことで得られる新たな視点は、効率を高め、創造力を引き出す原動力となります。

無理に詰め込まず、適度な休息を取り入れることで、自分のペースで成長していけるのです。

3　買える時間はお金で買う

時間は戻らない

買える時間と聞いて何を想像しますか？　たとえば、遊園地の優先乗車チケット。これを使うことによって待ち時間を短縮することができ、より多くのアトラクションを楽しむことができます。

それによって思い出が増えて、大切な人との時間を有意義に過ごすことができるでしょう。

ほかにも数えはじめたらキリがないのですが、使ったお金は稼いでいけばもとに戻りますが使った時間はもう二度と戻ってきません。

とはいえ、お金も無尽蔵に使えるわけではありません。自分のライフスタイルを加味したうえで必要な時間をお金で買っていくことが重要になってきます。

時には自分のためだけではなく、人のために時間を使う場面も出てくるでしょう。

しかし、忘れてはならないのがその人も自分のために貴重な時間を割いてくれています。

その人のためにも【時間を賢くお金で買う】という使い方をしてみてはいかがでしょうか？

全自動家電

私は職業柄、自宅にいない時期があり、家事や育児をすべて妻に任せっきりになってしまうことがあります。そうすると妻の自由時間が極端になくなってしまい、ストレスを溜めこんでしまうのです。

近くに私がいれば分担できるのですが、シーズンごとに長期でいない場合もあるので、妻と息子2人の計3人分の家事を1人で賄わなければなりません。

それを少しでも軽減するべく、自動で家事をしてくれる家電にお金を使っています。

調理は電気圧力鍋、食器洗いは全自動食洗機、洗濯は乾燥機つきドラム式洗濯機、掃除はルンバなど。

なるべく家事の時間を減らすことができるよう配慮した結果、妻の自由時間が多少増えた気がします。

私が毎日自宅に帰るなど根本的な解決にはなっていないのかもしれませんが、ある意味、時間をお金で解決している一例になるかと思うのです。

最近は冬場の拠点をもうけて、ともに生活するように心がけています。

移動手段

時間をお金で買うことについて私が一番重要視しているのが、移動手段です。行った先でお金をたくさん使いたいから移動手段を節約するというのも1つの方法ですが、移動中も時間の有効活用ができるのかどうかが重要となります。

私が幼少期に父とともに乗った、今はなき「シュプール号」という寝台列車があり、夜列車に乗って朝起きたら一面雪国だったのをいまだに覚えています。睡眠時間がそのまま移動につながる点で言えば、現在は「夜行バス」にあたるかもしれません。

このように睡眠時間＝移動時間だと時間の有効活用ができます。

しかしずっと同じ姿勢で寝るので、体が痛くなるというデメリットもあります。

私は30代に入ってからは、流石に夜行バスの利用を控えるようになりました。

最近は車移動が多いのですが、いつでも休憩が可能でＰＣさえあればどこでも作業ができる環境をつくれるので、自分の小さな移動型オフィスとして重宝しています。

移動で自分だけの時間をつくれるお金の使い方を考えてみてください。

4 優先順位を明確に

生活の基盤

お金よりも時間のほうが大切であると書いてきたのですが、やることの優先順位を決めなければどれだけ時間があっても足りません。

この有限な時間の中でやらなければならないことを絞り込むのですが、どこから着手すればよいのかわからない場合もあります。

最も大事なのは、なんと言っても「生活の基盤を安定させる」ことに尽きます。もっと噛み砕いて言えば、最低限の衣食住が整っている状態です。

夢を成し遂げるうえで、明日住むところを考えているようでは何もはじめられません。

すべてを投げ捨てて原始人のような生活を送ってでも夢をつかみたい方が仮に

夢をつかんだとしても、一般の社会人として生活を送ることができないので私はおすすめしません。

あくまでも自分の力で生活の基盤を安定させる必要があります。社会人であれば1人暮らしをして生活力を磨きながら、それと同時に夢につながる職業に着手するのがいいでしょう。

3つに分類

好きなことややりたいことが多すぎるのも考えものです。私の場合、それが泉のごとく溢れ出してしまい、収拾がつかなくなることがありました。

競技生活をしている間は1つのことに集中して練習に励んでいたのでよかったのですが、引退後はあらゆる可能性を模索しては挑戦をし続けていたのです。その中で気づいたことは、同時並行に事を成し遂げるにはお金と労力がかかり過ぎるということです。決してできないわけではありませんが、結果的に遠回りになってしまいます。

優先順位を決めるうえで、大きく3つのカテゴリーに分類すると整理しやすくなります。

・絶対にやらなければならないこと
・やらないと後悔すること
・やっておいたほうがよさそうなこと

これらを知るためにも、まずは書き出してみましょう。

明確化で切り捨てる

よく重要性や緊急性などにたとえられるのですが、私はすべてが重要ですべてがすぐにでもという気持ちがあったため、正直ピンときませんでした。

そして自分なりに解釈した結果が先ほどの3つになります。

学校や会社などの社会生活では、この優先順位を考えて行動するように言われますが、あくまでも自分の人生の中で考える優先順位なので、気楽な気持ちで考えてしまっても問題ありません。ほかの人に見せるわけではないですし、自分のペースに合わせて優先順位を決めていきましょう。

「**絶対にやらなければならないこと**」は生活に密着した関係にあると思われますので、その次の「**やらないと後悔すること**」にフォーカスを当ててみましょう。

これが夢につながるものになると私は思っています。

最後に【やっておいたほうがよさそうなこと】は、あくまでも理想論でしかなく、やっても損はないですが、そんなに得になることもなさそうなので、いっそのことやらなくてもいいかもしれません。

明確化することにより、取捨選択ができるようになるのです。

5

一定の目標の期限を決める

自分で期限を決める

何でもそうですが、締め切りやテストなどある程度決められた期日がないと人はモチベーションを保てません。

ただこれは、ほかの人に決められたものであり自分で決めたものではないため、いざ自分で期限を決めようとしてもあやふやになってしまいがちです。

スポーツの世界では試合が定期的にあるため、目標も立てやすいのです。

最終目標をかかげて目指すのであれば、逆算をすればいいだけなのでそれぞれの期限もおのずと決まります。

アスリートやアーティストなど芸術に特化した方は、試合やコンクールで発表する機会があるからこそ、その日に合わせてスケジュールを組んで技術や体調を合わせせられますが、私生活だとそうはいきません。

ある程度、自分で管理することが必要になります。

高すぎる目標だと期限が曖昧なまま途中で挫折してしまいがちなので、程よい期限を先に決めていくのが秘訣となります。身近な目標を立てて、一歩ずつ歩んでいきましょう。

3のルール

私がこれまでいろいろな活動をするうえで「3のルール」というのを決めていました。これさえ覚えていれば何にでも使えるのでおすすめです。

一番はじめに「3日」。三日坊主という言葉があるとおり、3日間続けることができなければその後も続かないというのは明確です。

しかし、毎日継続的にやるべきことに関しては、3分から、30分から、3時間からと徐々に時間を増やしていくのも1つの策です。

この「3日」を続けることができないのであれば、いっそのこと諦めて違う方法にシフトチェンジしたほうがいいと思います。

本当に好きなことや達成したい目標がなければ、この３日でさえクリアできません。

続いて「３か月」。これは明確な目標を設定するのに適した期間だと私は思っています。まずは好きなこととしてはじめたことでも、これくらいの時期になると慣れてきて一度中弛みします。

恋愛でも同じことが言えるのですが、この時期が疎かになってしまい、この期間を乗り越えると円満な関係が築けます。

常に気を張る必要はないですが、気持ちを切り替えるのに区切りのよい時期になるので覚えておいて損はないでしょう。

石の上にも3年という区切り

最後に「３年」。長い年月に感じますが、１つの大きな目標を定めるための指針としてちょうどよい期間になります。

この３年以内にかかげた目標が達成できなければ、完全に諦めるか別の道に行くことをおすすめします。

ある意味、やめるまたはやめられるタイミングだと認識しましょう。ズルズルと続けていても成長は望めません。

3年という区切りは、努力の結果を見極める大切な節目です。その間に得た経験や学びは必ず糧となります。

次の道を選ぶにせよ、継続を決めるにせよ、3年で得たものをいかし、新たな一歩を踏み出しましょう。

さて、この3年という期間は学校生活でも親和性があります。小学校低学年、高学年、中学校、高校。大学は省きますが、3か月というのも大まかな1学期の期間に値しますし、その間に自身が成長するためのノウハウが詰まっているはずです。

私はシーズンスポーツばかりやっていたということもあり、1~3月の3か月間は冬のスポーツに全力投球し、7~9月は夏のスポーツに力を注いでいました。

オフシーズンに関しては、それぞれの準備期間として陸上練習やトランポリンで空中感覚を養って体の調子を整えていたのです。

「千里の道も一歩から」ならぬ「千里の道も3分から」という気持ちではじめてみると、知らぬ間に驚くべき進歩がうかがえるようになります。

6　使うお金は最低限に、使う時間は最大限に

夢達成のためのお金と時間

ここでは、夢を達成するためのお金と時間について考えていきます。まずはお金についてです。お金はとても大切です。けれども、無限に稼げるものではありません。一世帯あたり生涯で必要となるお金は平均３億円といわれています。いずれにしても、無駄な出費はなるべく抑えたいものです。

夢のためだからといって、いくらでもお金を使っていいかというと「そうではない」と私は考えます。ではどうすればいいのでしょうか？

必要最低限の出費で夢を達成するためには、普段のライフスタイルから変えていく必要があります。

たとえば新しいことをはじめるには用具が必要な場合が多くあります。道具や用具にはお金がかかるものですが、必ずしも新品を買う必要はありません。

そもそも中古のもので問題ないのです。

はじめは新品を購入したところでよし悪しがよくわからないですし、新しいことは続くかどうかもわかりません。

途中でやめてしまうことも考えに入れておかなければいけないのです。もしも途中でやめたとしても、後悔しないように計画的にプランを組み立てましょう。

夢達成のための時間の使い方

次に、夢の達成のための時間の使い方についてです。

夢が実現していくまでには時間がかかります。だからこそ、最大限に時間を活用するためにまず必要なことは「こうなりたい」と目標を決めることです。

私の場合は、現役時代に住んでいたのが大阪で、頻繁にスキー場に行ける環境ではありませんでした。

しかし「こうなりたい」という目指す目標がありましたので、大阪の実家の屋上にトランポリンを置いて、そこで空中感覚を養うトレーニングをしていたわけです。そして、さらにイメージトレーニング。これらのトレーニングで時間もお金も節約できていました。

まずは「こうなりたい」と決めることが大切です。そして、次にお金と時間の有効活用をするためにも、イメージ。つまり、想像力をいかすことが重要となってきます。

「自分はここのレベルにまでなりたい」とイメージしていきます。「前回こうだったけど、次にやるときはこうしよう」というように、イメージトレーニングすることは時間とお金の無駄遣いをなくします。

スノーボードをうまくなりたいからといって、雪の降る場所に移住する方もいらっしゃいますが、そこにいることに満足してしまってはうまくなりません。

それよりは、「次にスキー場に行く時までに、自分はこれを絶対にできるようになるんだ」とイメージトレーニングしたほうがずっと効果的です。

これだけでお金も時間も節約できるのです。

お金や時間でカバーできないところは想像力でカバーしましょう。

まずは「こうなりたい」というイメージやマインドというものがないと、夢には達成できません。

次にそれに伴う技術。そして、技術を取得するための体力。これが心技体なのです。

技術がいくら高くても、こうなりたいという気持ちや何か成し遂げたいという気持ちがなければうまくいきません。

結局、考えも行動も自分自身からはじまっていくのです。

7 お金は返ってくるが、時間は返ってこない

時間の価値

お金は稼ぐことができます。しかし、時間は稼ぐことができません。

ここで、子どもの頃を思い返していただきたいのですが、お金のことなど関係なく、なりたいものややりたいことを言葉にしていたと思うのです。シンプルに、そして、平気で周りの人に「これやりたい。あれやりたい」と口にしていたと思います。

そこで考えてみると、大人になった今でもお金に関係なくやりたい夢をもち合わせるということは、なかなか難しいことかもしれません。

ただ、ここでいったん考えてみてください。

もし「あなたに１億円あげます。ただしこのお金を手にしたら明日死にます。それでもいいですか？」と問われたら、なんと答えるでしょうか。

大抵は、生きる選択をするのではないかと思います。その場合、迷うことなく生きる選択をした時点で、明日から先の人生は１億円以上の価値があるという判断をしているということです。


そうであるにもかかわらず、その価値を自分のほうからないがしろにしているのはもったいないと思いませんか？

よくよく考えてみれば、お金は使ってなくなってしまってもまた取り返すことができますが、一度過ぎ去った時間はもう戻ってこないのです。

お金は返ってくるけれど時間は返ってこない。

そして、お金を使うのは一瞬。その一瞬で使ったお金を取り戻すためには、大切な時間を使わなければいけません。

そうであるならば、時間というコストをかけるほどの価値があるお金の使い方だったのか。それを考えてみなければいけません。繰り返しますが、時間は返ってこないからです。なるべく出費を抑えることができれば、お金を取り返すためにかける時間は、少なくて済むということです。

時間の価値はかけがえのないもの

あなたは、時間とお金のどちらにコストを割きたいですか？

もちろん、夢にお金をかけることがいけないと言っているわけではありません。そうではなくて、時間は返ってこないということをふまえたうえで、そこに見合うと判断したならば、そのお金は使っていいのです。

たとえば、成田家は3兄弟でオリンピック・パラリンピックに出場しています。そのためにかかったお金は、概算すると1人につき約1億円。3人なので合計で約3億円。

この金額を聞いて、あなたはどう思いますか？

今一度、自分の使っているお金は時間というコストをかけてもいいほどのものか？　と自問自答してみてほしいのです。

時間とお金の関係性を見ていけば、本当に大切なのは時間だということは間違いありません。

時間の価値はかけがえのないものなのです。

【童夢のこぼれ話　その⑤】

おれの知り合いで、週一ペースで宝くじを買っていた人がいたんさ。

当たれば大きいのだろうけど、何だか非効率的に見えて興味本位で聞いてみたんよ。

「いつも宝くじ買っているけど、当たったことあるの？」って。

そしたら一番の高額当選額が10万円だって。

毎週３０００円買っていたら、１年でも十分赤字じゃん。

でも、宝くじを買って当選番号が発表されるまでの間は、あれ欲しいこれ欲しいって色々と妄想ができて楽しいって言うんよ。

そんなもんなのかなって、自分も試しに買ってみたんよ。

・・・何が楽しいのだろ？
自分が何かをしているわけじゃないから、サッパリわかんないや。

宝くじ売り場で渡したら３００円もらったからアイス買って食べたよ、うん。

第5章
何より環境が一番大事

1 教えは乞うものではなく、見て盗むもの

考えるな、イメージしろ

まず、教えられたものが自分のものにならなければ、何もはじまりません。自分のものにするためにはイメージができるかどうか。

ここが重要であり、イメージするということと、何かを頭で学ぶということは全く別のことなのです。

つまりイメージができたら自分のものになるのです。この価値は、プライスレスになりますよね。

ところがどんなに教わって頭だけで考えても、自分のものになっていないのです。それは、一番はじめのイメージができるように行動をしていないからです。

「Don't think. Feel!」と、かの俳優が言ったように、教わるということと、感じるということは違うからなのです。

人はついつい環境のせいにしてしまいがちですが、今いる環境は自分が選んで身を置いているのです。

自分自身がなりたい自分になるためには、やりたいことができる環境を探さなければいけません。

空想≠イメージ

その時に大切なのが、実は本物を見て感じること。それは、実際に見ることでイメージできるようになるからです。

自分の目で見て感じることが、なりたい自分になるための第一歩。そうすることで、やみくもに物事を行うよりも、自分が目指したい指標が定められるので同じ目的をもった方たちがおのずと集まります。

つまりこれが『類は友を呼ぶ』ということですね。

そういった仲間たちと同じビジョンをもつためには、イメージが大切です。

漠然とした空想ではなく、見て感じ取ることで明確なイメージを描くことができます。

たとえば、富士山に登った詳細なイメージは実際に登った人にしかできません。

だからこそまず、他人の意見や教示を聴くだけではなく、自分自身で経験や体験を積んでいくことが大切になります。

ただ、自分だけで得た知識では限界があります。そこで教えを乞うという方法を取るわけですが、物事の本質まで教えてはもらえません。

模倣からはじめる

ですから、自分が目標とする人物を見つけたら、行動や所作を模倣するために盗んでみましょう。その際には、お手本にした方へのリスペクトを忘れずに。

そして、盗み得た情報の中からその人の意図をくみ取って、自分の考え方ややり方とミックスさせていくことで自分だけのイメージをつくっていきます。それがあなたのオリジナリティーになります。

私の場合、新しいことをはじめるとしたら、どの分野であっても一番最初にすることは、その道の頂点にいる方のプレイを研究することです。

次に、自分も実践してみます。すると、自分のその分野における得手不得手が出てくることがわかります。これがイメージとのギャップです。

ここからが楽しいのです。というのも、相手の強みと自分の現在地や実力と照らし合わせて、自分に合っているやり方でなりたい姿に近づけていくことができるからです。

2

本物になるには、本物を「自分の目で見て感じる」ことでしか得られない

本物と大物の違い

前述したように、まずはあなたが目指す分野の本物、もしくは世界の一流に触れることがとても大切です。

なぜなら、その本物がもっている空気感に触れることというのは、何物にも代えがたいものだからです。たしかに、すごい人はアマチュアでもいるかもしれませんが、所詮は井の中の蛙。大海を知らなければ、本物とは言えません。

では、本物とは何か？　本物とは、トップ・オブ・ザ・トップ。それは、たとえば大物との違いを考えてみるとわかりやすいかもしれません。

大物は、トップ軍団の一部でしかなく、本物は大物の中から生まれると思っています。すぐには到達できないからこそ本物には価値があるのですよね。

よく、「その世界の一番にしか意味がないの？」と言われたりしますが、本物という観点から言えば一番にしか意味がありません。

富士山は日本にある一番高い山だからこそ、日本人ならばみなさん知っていますよね。だから山登りに興味があるというわけではなくても富士山には登りたい方も多いと思います。それが、一番ということの意味です。

一番というのは夢を与えられる。

経験が力

富士山という山について日本で一番高い山だと知っているというだけではなく、実際に登ったという体験をする。頂上の空気を体感する。深夜に山小屋を出発してご来光を拝む。それらがすべて自分の経験となる。この経験が力なのです。また、今度は自分がそれまで知り得なかった情報を得る。たとえば、以前自分が登ったルートではないほうが景色が綺麗だったり、この季節だとさらなる防寒具が必要であったり、普通の平坦な道で歩くことと山道を歩くことの違いなどを知ったうえで、もう一度富士山登山に挑戦する。これらのことがまたすべて自分の経験となります。

その経験は次の挑戦への自信となり、目標達成の糧となるでしょう。困難を克服する経験が力となるのです。

本物に触れることが最優先

だからこそ、まずは本物に触れることを最優先にしていくことが大切だと思っています。

そのためには、本物に触れるための時間とお金を厭《いと》うてはいけないのです。なぜならば、直接見て、聞いて、触れることの価値はかけがえのないものだからです。

同じ空気を吸う。この空気感を感じることができるならば、たとえそこに辿り着くためにどれほど時間がかかっても、費用がかかったとしても、それこそが一番大事なことであり、ほかと変えられるものではないのです。

3　パクリからはじまるオリジナリティー

1から10まですべて真似する

ではどのようにして、具体的に自分の目指す本物に近づいていくかについて書いていきます。まず真似することからはじめるのですが、ここで大切なことは、いったん１から10まですべてを真似してみることです。

なぜだと思いますか。すべてを真似すれば、疑問が湧いてくるからです。「なぜ、この人はこれをしているのだろう」という疑問に辿り着くのです。この疑問を自分に問いかけつつ実践していくことで、自分が真似したほうがいいものと、真似しなくてもいいものに分かれていきます。

これが疑問に対する答えなのです。真似して行動することは、この疑問を解いていくことにほかなりません。

そうすると、これが自分にとって必要か不必要かがわかってきます。

自分に必要なものがわかるということは、一方で、これは自分の得手不得手がわかるということ。そして、その分別を繰り返していくと、自分らしさがわかるようになっていきます。

オリジナリティー

その結果、現れてくるのがオリジナリティーなのです。実践をしていくことで、実はすべてがもう自分の周りにはあるのだということがわかってきます。すべて揃っているのです。

オリジナルのものは、もうすでにあるものを組み合わせて少しだけエッセンスを加えることで、でき上がっていくということがわかります。

重要なのは、少しエッセンスを加えるだけでいいということ。私も七大陸のそれぞれの最高峰にスノーボードをもっていって滑降するというチャレンジをしている最中です（※２０２４年11月現在）。

最高峰の登山という要素に、スノーボードで滑降するというエッセンスを加えたのです。

私は登山家ではありません。ですので、登り方はすでに成し遂げている先人に学ばせてもらいます。

そのうえで、そこにスノーボードという道具をもっていくことが私ならではのエッセンス。この方法こそが最高にオリジナルの人生を効率よく歩んでいく道だと感じています。

夢の第一歩

私は先日、七大陸制覇の夢の第一歩として、オーストラリア大陸の最高峰コジオスコに登頂してきました。

登るにあたって自分でルートを調べて行きましたが、強風に阻まれて一度目の登頂ならず、という結果になりました。

なぜなら、事前に自分で調べた情報をもとに、トラバースという斜面を横切るルートを選んだからです。

強風の時に時間がかかり過ぎました。その結果、明らかな時間不足となり一度目の山頂登山は断念したのです。

しかし、すでに達成した人から直線に登るルートがあることを聴き、結果的にはそのルートを行くことが正解でした。

事前準備も大切ですが、どの業界においてもすでに達成したことのある人がいるのですから、そういう先人の言葉を聴くことも大切だとあらためて感じた夢の第一歩でした。

4 ライバルが身近なほど成長する

切磋琢磨

スノーボードという競技をしている私には、そもそもライバルが身近にいました。それが妹と弟です。

ライバルになり得る人が身近にいるということがどれほど自分の人生にとってアドバンテージがあったかというのは計り知れないものがあると思っています。

ライバルの存在というのは、自分が伸びていくための必須の力になっています。

たとえば、私の場合で言えば、兄弟で同じスポーツをしていたのですが、妹は兄である私の技術を盗み、好成績をおさめるようになっていきました。

男子である私の技術を間近で見て女子としてその技術を身につけたからこそ素晴らしい成績を上げられたのです。

そして私は妹の成績を追いかけることで、さらに成長していきました。

また弟の成長速度も凄まじいものでした。なぜならばはじめからすでに何年もスノーボードをやってきた私や妹を間近で見ているわけですから、おのずと成長のスピードがとても速くなるというわけです。

だからこそ、弟には絶対に負けたくないと思って私もまた努力を重ねることをしてきたのです。

私たち兄弟は、そんなふうに切磋琢磨してきました。その結果として、弟はパラリンピックに出場し金メダルを獲得したのですから、一番ポテンシャルを秘めていたということなのです。

ライバルがいてこそ

私は身近に兄弟というライバルがいる環境に恵まれていました。

相手を見ることによって、自分はここをこうすればいいんだというイメージをするのに、最高の環境だったのです。

でも仮に、自分の兄弟ではなくても自分の目指している分野で、自分自身のライバルとなり得るような方々が周りにいれば、自然とそういった切磋琢磨が生まれると思うのです。

たとえばスポーツで言えば、現在の自分よりも少し上手な人であったり、会社で言えば、自分よりも営業成績がいい人であったり、そういう人を自分の中で勝手にライバルにさせてもらって努力する。

これでどんどん上に上がっていくことができて、気がつけば頂点にいましたということもあり得るのです。

ライバルがいてこそ進歩することができるのです。

仮想ライバルをつくる

その後、私はオリンピックに出たことのある経験者として芸能活動をはじめました。

しかし、私のようにオリンピックを経験してから、音楽をつくったり漫画を描いたりしている人は私の周りにあまりいなかったため、芸能の世界ではライバルはいませんでした。それは自由で、好きなことができました。けれども結果が伴いません。

あくまでも自分がやりたかったことをして、そこで満足してしまった自分がいたことも否めませんでした。

そうなってしまったのはライバルがいなかったからです。ライバルがいなければ、自分はここを目指せばいいというそのイメージができにくいのです。

これではいけないと考えて私がやったこと。それは仮想敵をつくることです。その仮想敵とは、ほかならぬもう1人の自分です。その仮想敵の設定は『もうすでにこれができている自分』です。

そして、その自分に負けないようにするには、一体どんな努力をすればいいのだろうかと考えます。

もう1人の自分をライバルとする。そのライバルを理想としてイメージできたら勝手に体が動いて、そして、夢に向かって爆進する自分となりました。

5 R(Research・調査)、A(Analysis・解析)、P(Practice・実習)の反復が自信につながる

雪の温度調節

では、夢に向かって一体何をしたか、もしくは何をするといいのかについて書いていきたいと思います。

手順としてまずは調査、次に解析、そして実習。この順番と反復が大切です。

自分がスノーボードをしていたときの行動をもとに書いていきます。スノーボードをするときのコンディションを整えるためにいくつかチェックする項目があります。

まずは気温。けれども気温だけではなく、雪の温度もチェックします。

雪の温度と気温は違うのです。ですから、その両方を考えながら合わせて整えていきます。

また、今、雪の量はどうなのか。風速はどうかなど。季節によってそれらの特徴も違います。その調査をします。

　このチェックをしっかりすることによって、いいパフォーマンスにつながり、実際にそれが順位につながっていきます。だから、まずは調査が絶対に欠かせません。

雪の解析

　次に解析です。雪の量はどうなのか、温度はどうなのか、まずそれを調査したら、そのうえで解析をします。解析しながら、自己分析もしていきます。

　この環境や状態の中で、どのルートを選ぶのか、自分はどうしたら目指す場所まで辿り着けるのか、自己分析をしつつ解析していきます。

　私は、そのようにして常に一位を目指しています。


　たとえば、富士登山で考えてみるならば、まずは頂上までの道のりを行くためにどんなルートがあるかを調査します。

　そして、頂上まで辿り着くためには自分にはどのルートがいいのかを考えます。

　その時に必要なのは、自己分析と状況の分析を合わせること。この解析が重要になってきます。

たとえば、体力に自信がない人の場合は急な坂のあるルートは避けたほうがよいでしょう。逆に持久力には自信があるという人であれば、長い距離の長時間のルートで大丈夫ということになります。

ですので、自分がどうしたらその目標に辿り着けるのかということを、調査したうえで解析し、成果につなげていきます。

実習

いよいよ実習です。実際に動きます。自分はここまで辿り着くという目標を目指してトライアル＆エラーを繰り返していきます。

まずは小さな山を登る、そして次の山を登る。さらに、その次の山を登るということを繰り返してさらなる高みを目指しているうちに、高いところまで行けるようになります。

そうするとどうなるでしょう。自信がついてくるのです。

だからこそ、大切なことはやるかやらないか。この最初の二択なのです。

この二択で『やる』を選択するために、状況ををしっかり調査し、解析することです。そして決めていくのです。

そのうえでやるとなったならば、しっかりと調査と解析の最善の組み合わせを考えましょう。そして実習をして反復をしていけば、必ずさらなる高みに上がっていくことができます。

6 話さなければ誰にも想いは伝わらない

言葉にすれば何かがはじまる

子供の頃は、誰もがみな何かしらの夢ややりたいことを気軽に話していたのではないかと思います。

でも、大人になるにしたがってだんだん言葉にしなくなります。

けれども、言葉にすればそこから夢がはじまる。

私自身にも「もしもここで言わなかったら一生夢を実現することができなくなるかもしれない」と思った瞬間がありました。

その時に勇気をもって『私の夢』をカミングアウトしたのです。その時のことは今でも鮮明に覚えています。

それは、いつものようにトランポリンで訓練をしていた時のことでした。

急に父親に呼ばれたのです。そして唐突に『夢』を尋ねられたのです。その時に「今しかない」と思いました。

それまでスノーボードをやっていたわけですから、それとは違う夢を言葉にすることは勇気がいることでした。

でも「声優になりたい」という夢を思い切って父に話したのです。

そこで言葉にすることによって人生が変わっていくという経験をしました。しっかりと言葉で伝えることができたので、夢への一歩を踏み出し、やがて声優となることができました。

ONE PIECEの声優をすることで夢が実現したのです。

夢を言葉にする

もしあの時、父に伝えることができなかったら、またそれだけでなく、その後も誰かに伝え続けていなかったら、夢が実現することはあり得ませんでした。

漫画を描きたいと思って言葉にしていくことで、スノーボードの漫画を実際に出すことができました。それは、その言葉を聴いて漫画の編集者へとつないでくださった方がいたからです。

また、音楽をやりたいと思っていたところ、歌手としてデビューすることもできました。それはすべてやりたいことを人に伝えたことから実現していったのです。

他人から見るとその実現は、能力があるからできたとか、経験があるからできたように見えるかもしれませんが、それは違います。言葉の力です。

夢を実現するのに、何よりも大切なことは、まずは夢を言葉にすることです。これがなければ何もはじまりません。何をやりたいと思っているか、その思いを伝えないことには人にはわからないものなのです。

環境をつくる

そしてさらに困ったことに、言葉にしていかないと自分自身でも自分の夢がわからなくなってしまうのです。

だから聴く側の心構えとしては、相手の年齢・性別・人種問わず、誰に対してであってもやりたいことに耳を傾けてあげることが大切だと思っています。

そして、伝える側として、自分自身も身近な人に伝えまくるということをしていただきたいのです。

すると、必ず協力者が生まれてきます。言葉にして伝えてみれば、協力者が出てくる。そのことによって自分で夢が実現する環境をつくることができます。
これが環境をつくるということの本当の意味だと思っています。

7 仲間は自然と寄ってくる

夢を伝える行動

夢を実現するためには、仲間の存在が欠かせません。
では、どうやって仲間を集めればいいのでしょうか？
仲間は集めるのではなく、集まってくるものだと思っています。

みなさんも小さい頃に一度は桃太郎の物語を聴いたことがあると思います。桃から生まれて、おじいさんとおばあさんに育てられ、犬・猿・キジとともに鬼退治に行く物語です。桃太郎が鬼退治という夢を実現していくそのプロセスをあらためて確認してみましょう。桃太郎にとって一番はじめの協力者は誰だったでしょうか。

それは、おじいさんとおばあさん。直接的に鬼退治の力となったのは、犬・猿・キジですが、当初からいきなり犬・猿・キジが仲間となって現れてきたわけではありません。ここが仲間集めの大切なところなのですが、まずはじめにおじいさんとおばあさんに言葉で「鬼退治をしたい」と伝えたことが、夢のはじまりとなりました。

桃太郎の言葉を聴いて、おじいさんとおばあさんが一番はじめの協力者になったのです。

この物語からもわかるように、夢を実現するためには、まず言葉にして伝えることがとても重要なのです。

夢をもち続ける

おじいさんとおばあさんは桃太郎の言葉を聴いてキビ団子をつくってくれたり、甲冑を用意してくれたりと協力を惜しみませんでした。

そしてそのうえで、桃太郎は鬼退治の夢をかかげて最初は１人で出かけます。はじめから協力者を募ったのではないのです。

腰にキビ団子を携えたように、夢だけを携えて１人で出かけていきました。

すると、そこに犬・猿・キジという形で協力者が現れてきます。夢を実現するために鬼ヶ島という目的地を見据えて行動すると仲間が現れてきたのです。
大切なことは、一度自分でやりたいと思った夢は、自分でなくしてしまわないということ。この一点なのです。
夢を語り、もち続けることが実現の鍵。桃太郎が鬼退治という夢を実現できたのも、もともと桃太郎に戦う力や地位があったわけではなく、鬼退治という目標をしっかりと決めて、その目標に向かってブレずに進んでいくことで、仲間に出逢うことができたからでした。

純粋な夢

私も今、夢に向かっています。スノーボードで七大陸制覇の夢。ありがたいことに、その夢に対して「これはいい」と言ってくれる人が寄ってきてくるようになり、協力者が現れてきました。

人は集めるものではなく集まってくるもの。その夢を一緒に実現させようとする仲間は自然と寄ってきてくれるのです。

だからこそ大切なのは、その夢が大きくて純粋なものであるということ。大きくて純粋な夢とはどんな夢でしょうか？　その逆を考えるとわかりやすいかもしれません。

たとえば自分だけがよければいいという自分だけの夢であれば、その夢に人は魅力を感じません。

また、人を害してしまう恐れがある夢であっては、純粋ではありません。

人の心を動かし、協力者になってくれる夢とは、本当に大きくて、そして純粋な夢。

はじめは1人でいいのです。まずは1人で夢に向かうことができれば、人は集まってきます。

そこに夢実現のための環境ができていきます。

このようにして環境というのは自分でつくることができるものなのです。

大切なのは、自分の夢に対して真摯であり続けることです。その姿勢が他者の心をつかみ、人を惹きつける力となります。

一途な気持ちで夢を追いかける姿は、憧れや尊敬の対象にもなりやすいので、邪念を捨てて自分の信じた道を突き進みましょう。

【童夢のこぼれ話　その⑥】

うちの弟って、ほんと天才なんですよ。身内びいきかもしれないですけどね。弟が1回でできちゃうことを、私は100回くらいやってやっと形にする感じ。

でもね、この前ふと思ったんです。

天才ってサラッと結果出すけど、努力家は経験積んで深みが出るという面もあるのでは、と。

というのも、私、100回やることで、いざできた時には弟より完成度が高くなってる。

だからできた時には、追いつくどころか、追い越しているんですよね。

これが自分の強みなんだなって思うことにした、うん。

第６章
弱いメンタルを
強いメンタルにする方法

1

たった一度の成功のためなら何度失敗してもいい

成功をイメージする

何度間違えようと、何度迷おうと、最終的にゴールすれば成功です。

私のスノーボードを例に取ってみると、ある技が1回成功すると「こういう風にやれば、うまくできるのだな」ということが、脳の中に記憶されるようになります。

すると、不思議なことに次に同じ場面になった時には、その記憶されたイメージどおりできるようになっているのです。

ほかに例を挙げると、自転車に一度乗れた感覚を頭と体で覚えていれば、次からはふつうに乗れるようになるということと同じです。

たった一度の成功でいいというのは、そういうことなのです。たった一度の成功によって、自分の中のそれまでの『できない』というイメージが覆されるからです。

うまくできていない最中は「自分は何でできないのだろう」と落ち込んでは、そのできないイメージが強くなっていくという形で負のループに入りがちです。

しかし、そんな時こそやがてくる成功をイメージすることが大切。

成功するまで実践する。これが重要です。

誰の声を聴き、誰の声を聴かないか

ゴールに向かう途中では、さまざまなことが起こります。

しかし、たとえどんなことがあったとしても、1つひとつの出来事は成功するための道標というだけのこと。

まるで、迷路に入り込んでしまったように先が見えないときもあるかもしれませんが、たとえ行き止まりになってしまったとしても、その場合は戻ってからまた新たに進めばいいだけのことです。

決してすべてがダメになってしまう失敗などないのです。何度でも繰り返してやってみること。トライアル&エラーを重ねることで、たった一度の成功体験を得られればそれでいいのです。

成功するまでの途中で、いろいろな人がさまざまな意見や助言をしてくれるものです。けれども、周りに左右されない強さも必要。大切なのは『誰の声を聴き、誰の声を聴かないか』です。

一度の成功を目指す

人からのマイナスの言葉や態度にとらわれてしまうと、誰を信じていいかわからなくなってしまいます。私も正直、オリンピックで結果が出せなかったときに人の期待に応えられず、とても落ち込んだ経験があります。

でも、そんな時にこそ自分で希望を見出すのです。自分の思いの強さ1つでメンタルは上げることができるし、逆に下げてしまうのも自分なのです。

私自身も、何度も何度も失敗という経験をしてきました。そして、一度うまくいったことは、次にはもうできるようになるということを実感しています。

まずは、一度の成功。ここを目指していきましょう。

この成功体験で「できないかもしれない」と思っていたことが、「できるかもしれない」と感じられるようになるのです。「全く経験がない状態」と「一度でも経験した状態」との間には大きな差があります。

だからこそ、失敗を怖がらずに一歩踏み出してみることが大切です。

2 人生という旅の恥は掻き捨て

人生の終着点

私の人生のゴールは「自分の人生は、もうやりきった」と言えること。つまり「これ以上やれることは、もうない」そう思いながら死んでいきたいと常に思っています。

ここが私の人生の終着点。そして、最高到達点だと思っています。

人間であれば誰にでも最期の時が必ず訪れます。

その時に何と言いたいですか？　それは『何を人生のゴールにもっていくか？』によって決まります。

最期の瞬間からの逆算で日々の生き方を考えていくといいと思います。

今は、まだまだやりたいことがたくさんあるのです。やりたいことだらけ。

この欲求を満たしていく途中では、恥を掻くこともたくさんあります。というのも、1つ成功するためには多くの失敗をすることになるからです。

そして失敗は成長の糧となり、やがて実を結ぶのです。

道草だらけ

人生という旅にはさまざまな思い出があります。旅ですから道草も食います。

たとえば、イタリアで本場のピザを食べるという目的の旅をするとしましょう。その途中ではジェラートを食べたり、ショッピングを楽しんだりと、これがいわゆる『道草』なのです。

その時に、買いすぎたとか、食べ過ぎてお腹をこわしたとか、それもその旅の1つのエピソードになるのです。

また、ちょっとドイツにまで足を延ばしてみてもいいのです。最終的にイタリアで美味しいピザを食べられたら、それでいいのですから。

人生という旅も同じです。人生は長い旅ですから、ある意味、寄り道だらけになります。そういう寄り道のエピソードを笑って話せるようなところまで昇華していくことが大切です。そうすると、すべてが最終目標に行くための材料になります。

道草が味わい深くなる

最終目標に辿り着くための材料は何でもいいのです。

たとえば、イタリアに行くために、飛行機に乗るお金がなければ、船で行ってもいいでしょう。

そして、現地では何とかボロボロの自転車を調達できた、とか。そういうエピソードの中には「他人にバレたら何か言われそうだな、いやだな」という恥ずかしいものもあるでしょう。

失敗という経験に対していつまで経っても「あの時、ああしなきゃよかった。こうしなければよかった」と後悔してしまうこともあるかもしれません。

ただ、そういった失敗や恥は最終的には全部笑い話になるのです。恥や失敗は、笑い話に変えることができます。

だったら、目標が高ければ高いほど道中のエピソードが、多くなるし、面白くなるわけです。

そして、道草も味わい深くなる。大切なことは、より笑っていられるように、より面白がれるように昇華していくことです。ここがポイントになります。

失敗や恥は道草を彩るスパイスであり、人生を豊かで面白いものにしていく鍵となります。だからこそ、寄り道を恐れず自分なりのペースで進みながら、その瞬間ごとにある楽しさや学びを見つけていくことが大切なのです。

3

比べるのは人格、競うのは品格

憧れをリスペクトに変える

1人で生きている人はいませんので、他人と比べると、人との差がよく見えるものです。

そして、その差が苦しみのもとになっていることも多いです。

しかし、もし明確な目標があれば、自分よりできる人が目の前に現れたとしても、苦しみどころか『憧れ』になるのです。なぜならば、目標があれば、目の前にいる相手は先にそこに到達した人だからです。

相手の秀でているところやよくできているところに対して憧れたならば、苦しみではなくリスペクトが生まれます。

切磋琢磨する中でこそ、憧れはリスペクトに変わっていくのです。

ですから、目標に向かっていくときに同じことを競う仲間がいる。これはとてもありがたいことです。なぜなら、同じことを競う仲であっても相手のほうが優れているところは必ずあるからです。

競っている時には、相手の優れているところは1つの憧れになります。

スノーボードの選手時代、競技において切磋琢磨する中で、自分の中に出てきたのは相手に対するリスペクトでした。相手をリスペクトできる部分を見つけること。

それが自己分析にもつながりますし、ひいては結果を出すことにつながっていきました。

成長していこうと思うのであれば、お互いに成長し合える好敵手が必要になります。

好敵手

もし、単に比べるだけであれば、そこに出てきてしまうのは、否定。他人のことも自分のこともそれぞれの人格を否定するようになってしまいがちです。

ところが、目標をかかげて競うことによって相手をリスペクトするようになると『品格』が出てくるようになるのです。比べてしまうときに足りないのは目標であり、人生のゴールなのです。

一方、人生の目的をもち、さらにともにその道を進んでいける好敵手がいることによって、互いにリスペクトをしながら人生を歩んでいくことができるようになります。

これが、ともに戦い、成長し合うことができる好敵手が必要になる理由です。捉え方を変えれば、鏡の自分とも言えます。それは、自分を見極めること。自分が秀でているところもわかるようになるし、自分が実は、できていないところも見えてくるようになります。

これは好敵手が出てきたときに浮き彫りになってくることなのです。

必要なのは、自分は何を目指しているのかという目標と、そこを一緒に競う好敵手という名の仲間なのです。

自分にしかできないことを見つける

私自身、もし自己肯定感が高いか低いかと問われれば、もしかしたら低いほうかもしれません。

というのも、かつてスノーボードにおいて、私は落ちこぼれ枠だった経験があるからです。

自分のスノーボードの板にマジックで『無気力・無能力』と書いて、常に自分を戒めていました。

ただ、私はそんな自分も全部認めていました。それが自分なのだと受け入れていました。

全部含めて私なのです。認めたうえで、だからこそ、自分にしかできないことを見つけていきました。

人と比べてやっかんだり、足を引っ張ったりする時間があるのであれば、自分にしかできないことをしていきましょう。

4

隣の芝生が青く見えるのは気のせい

うらやむこと自体がおかしい

人に左右されるのはもどかしくないですか?

「よそはよそ。うちはうち」と子どもの頃に言われたという方もいらっしゃるかもしれませんが、本当にそうですよね。

そもそも誰もが同じ境遇、同じ環境で育っているわけではありません。1人ひとりが、それぞれの人生を歩んでいます。

たとえば、どういった両親のもとに生まれどのような家柄かは、自分の力ではどうしようもないこと。ないものねだりをしてもどうしようもありません。

自分にないものを欲しくなるのが人間ですが、そんな自分もまた、ほかの人から見たら「うらやましいなぁ」と思われているところもたくさんある可能性があるのです。

ですから、そもそもうらやむということ自体がおかしな話なのです。

自分を見つめ直す

たしかにうらやましくなったり憧れたり、他人のことで惑わされて気持ちが揺れることもあるかもしれませんが、そんな時こそ自分をもう一度見つめ直す必要があります。

見つめ直すというのは、自分自身にしかないものを見ていく、ということです。

生まれ育った環境は自分の力ではどうしようない面もありますが、だからこそ、そこに自分の個性が見えてくるヒントがあります。

たとえば、兄弟は何をしていたか、どんな学校に通っていたか、どんな仕事についているのかなどを見直すことで『自分を見つめ直す』ことができます。

私たちは誰かをうらやんだり、憧れたりしても同じ人になることはできません。もし、その時に人と比べて自分を否定するようなことがあれば、それを『時間の無駄』と呼びます。

その間に自分を磨け！

自分を見つめ直し、自分を磨いた人。これが自分に勝つ人です。

自分を見つめ直していくと、自分の本当の強みや得意なことがわかってきます。

自分の強みに自信をもつこと、それが自分だけが扱える武器として成り立っていきます。その武器を日々怠らずに磨いていく。すると、やがてほかの人をしのぐ秀でたものになっていきます。

そうすると、自分は何を取り入れるべきなのか？　自分に合っているものは一体何なのかがよりわかるようになってきます。

そもそも武器とは何か？

私の場合、スノーボードと思われるかもしれませんが、それはあくまでもほかの人から見た私でしかありません。

私の武器、それは探求心、行動力、それから好奇心。ここは誰にも負けません。

反面、自分の人生に不必要と思ったものや興味のないものに関しては、全くと言っていいほど行動に移せないのです。

仮想世界に置き換えれば、前衛に特化して守りの要素を一切省いた盾をもたない剣のみの戦士となるでしょう。

つまり、自分が得意なものや自信のあるものを磨くことに専念する。これが秀でたものになっていくための秘訣です。

5

小さな勝ちから大きな価値へ

スモールステップ

勝ちグセをつけるにはどうしたらいいでしょうか？　それは、スモールステップを踏み続けることです。

たとえば、オリンピックに出場したいならば、その前にワールドカップで勝たないといけません。そのワールドカップに出るためには、国内大会で代表に選ばれないといけない、という具合にそれぞれステップがあるわけです。

小さなステップで勝利して、その勝利をどんどん重ねていくことです。

小さな勝ちを大きな価値へとつなげていくためには、まずその時々で評価をしてもらえる場に勇気をもって立つことです。

そして、そこで小さな勝ちをおさめることによって、その繰り返しで勝ちグセをつけていくことができます。

アクションを起こす

私も最初は、草大会と言われるような誰でも参加できる小さな大会に出場していました。その大会で最初に優勝した時のことは、その後どれだけ大きな舞台に立つようになっても鮮明に覚えていて、その喜びを忘れることはありません。

そして、この最初の金メダルがあったからこそ、ステップを踏んで大きな目標であるワールドカップの金メダルを取れたわけで、振り返ってみれば道筋がしっかりできていたのです。

まずは、小さな勝ちを1回でも取りに行く。

うちには5歳の息子がいます。息子は絵を書くことが大好き。そこで先日、絵画の世界を知ってもらおうとあるコンクールに絵を出してみたら、最優秀賞をいただきました。このことは本人の喜びでもあるし、自信につながっています。まずは、出すこと。もし、コンクールに出さなければ息子の絵の価値はわかりませんでした。

大切なのは、まずアクションを起こすということです。

好きなことをただそのままにしていてはもったいない。コンクールや大会など、審査される場に出してみる。

すると、そこで何かしらの評価、判定が出ます。そういう場、もしくは大会に出ることがなければ、小さな勝ちを得ることができません。そして、大きな価値があることがわからない。

小さな勝ちがやがて大きな価値への一歩とつながっていきます。

ステップアップ

評価される場に出るということは少し勇気がいることかもしれませんが、好き、得意ということで喜んでいるだけではなく、新たな刺激や目標を求めたくなることがあります。

だから、評価される場でのチャレンジの第一歩はとても大切なのです。

その第一歩を踏む、踏まないが、人生を変えていきます。

小さな場で勝つ、その感覚を覚えておくことは大切ではありますが、もちろん負けることもあります。でも、負けたらまたその１つ前の小さなところに戻ればいい、というだけのこと。

そして小さな場で勝つという感覚を覚えておいて、またステップアップしていきます。

大きな舞台ばかりを目指して挑戦し続けて敗北を重ねると、勝つ感覚をつかめなくなる恐れがあります。

しかし一方で、小さな場にとどまり続けるだけでは成長の機会を失うことにもなります。

なぜならば、１つずつステップアップして自分の基準値を上げていかなければ、大舞台で結果を出すことができないからです。

やがて、大舞台で勝つことが当たり前になるまでステップアップを続けていく。

そうすれば、気がついたときには大舞台で勝ちをおさめる力をつけていくことができるようになっています。

6　全力で休むことで、全力で夢に取り組める

休み時間をつくる

全力で休むことというのは何なのでしょうか?

全力で休むというのは、単に心身ともに休ませるというだけではありません。自分を見直してみることができるという意味でもとても大切です。

たとえば、自転車を思い浮かべてみてください。

チェーンが外れているのに、こぎまくっていたとしても全く前に進みません。その時にはもう一度、自転車を降りてみれば、チェーンが外れていたのだということがわかります。

だから、見直してみることが必要になります。見直せばわかることがたくさん出てきます。

見直すために自転車を降りたら、ほかにもギアやブレーキの点検をしないといけないなど、気がつくことが出てきます。

もっと早く気がついていれば、今頃もっと先に進んでいたということもわかってくるでしょう。

いずれにしても短時間でもいいので、しっかりと休む時間をつくることが重要になってきます。

全力でリセット

私の場合、スノーボードをしていたときの休憩時間はスキー場のリフトの上でした。

競技生活を送っているときは、長時間の休みなどなかなかありません。ですからリフトの上が休憩場所。

その短時間でしっかりと頭を空っぽにしてリセットできるかどうかが、その次の滑りにつながっていきます。

リフトの上でしっかりと休んで、モヤモヤした気持ちは忘れていく。たとえその前の滑りに納得がいかなかったとしても、そのモヤモヤした感情をしっかりとリセットしていく。

クヨクヨ悩みながら前に進み続けてもいい結果にはなりません。

これが時間の無駄遣いにならないようにする休み方なのです。

気持ちをパシッと切り替えて頭をリセットするということが、短時間であっても、とても重要になります。

まず頭を空っぽにして体も休ませて、全力でリセットしていきます。すると、「自分は何でこんなことで悩んでいたのだろう」と気持ちはまっさらになり身体も軽くなって、新しい気持ちで挑むことができるようになります。

休むことの力

身体は今まで培った経験を覚えています。今度は頭にもその経験を刷り込ませるために無の状態にすることが大事です。

これは意識的に、意図的に休みを取らなければなりません。

休む時は全力で休む。

休みをないがしろにしない。

オンオフ論がありますが、目標をもってそこに向かっている人は自動的に常にオンの状態になっていますので、そのことを自覚してオフの時間をつくることが燃え尽きないための秘策です。

常にオンで走っている人は「オフのほうに重きを置け」と思っています。しっかり無になる。

事をなそうと思ったら、1日休んだら3日、3日休んだら1週間、1週間休んだら1か月の遅れが生じると言われていますが、1日しっかり休むとその1日で3日分が取り返せる。休むということにはそのくらいの力があると感じています。

7　ジンクスは心の金棒

私のジンクス

「これをしていたから勝てた」「こうするとうまくいく」という自分だけのジンクスをもっている人も多いと思います。

たとえば、グローブは右からはめたら調子がいいとか、ブーツは左から履くとか、ジンクスは些細なことでもかまいません。

何かジンクスをもっていますか？

はじめは「これをすると調子がいい」という感じだったものが、続けることでやがて「これをしたら自分は絶対に勝てる」という、ある意味、おまじないのような効果を発揮するジンクス。

私にとっての一番のジンクスは、馬刺しを食べること。

ところが、あろうことかオリンピックに出場した時は食べなかったのです。後悔先に立たず。「あの時、食べておけば」と思ったものです。

実践できるものがいい

そこからの教訓の1つ目。それは「これをしたら必ず勝てるというジンクス」は、いつでもどこでも実践できるものがいい。些細なことや小さなことほど、実はいいのです。

ささやかなことは積み重ねることができて、自信につながっていくからです。

そして、小さな自信が積み重なっている人は仮に、それで負けてしまったとしても「次は大丈夫だ。次に同じ失敗をしなければいいだけだ」と前向きな気持ちになりやすいのです。

勝ち負けがある世界、もしくは評価がはっきりしている世界では、結果次第で周りの否定的な声が聞こえてくることもあります。

けれども、ジンクスをもっていれば「自分にはこれがあるから次は勝てる」とその声をシャットアウトすることができるようになります。

小さな自信の積み重ねが大事です。

失敗の言い訳をしない

２つ目は、ジンクスをすることを忘れてしまったときの心構えです。

もしその時負けたとしても失敗の言い訳にしないこと。なぜならば、その時の自分の実力が伴わなかったり、運がなかったり、あくまでも自分に非があるからです。

ジンクスはあくまでも補助でしかありません。

私のことで考えてみると、私がジンクスを大事にしていたのは、前述したように自己肯定感が低かったからではないかと思っています。

人がもともともっている能力や資質はそれぞれ違います。実は、私は自分がもともともっている能力、資質に対して高い肯定感をもっているかというと、そうではありません。

そういう意味では、どちらかと言えば、自己肯定感は低いほうだと思っていますし、落ちこぼれ枠に入っていたと思っています。

『無気力・無能力　だから今がやり時』と書かれたスノーボードの板を毎日見ながら「自分は能力がないのだから、もっと頑張らないとな」と思っていました。だからこそジンクスを大事にしていました。こんな自分だからこそできることがあると思っています。

「大丈夫。これをやったから大丈夫。自分は絶対にできる」と思えるジンクスは、落ちこぼれ枠の自分だからこそ生まれたのではないかとも考えています。

【童夢のこぼれ話　その⑦】

1年の行事の中で一番好きなのがハロウィン。

服装の指定がなく、自分ではない自分を表立って身に纏《まと》える日。そんな中、親父は「おれは年中ハロウィンじゃ」と言って、毎日奇抜な格好で過ごしている。

なんだか負けた気がする、うん。

第7章
夢を達成したその後

1　バトンはつないでこそ意味がある。そのバトンをまた自分がもってもかまわない

バトンをつなぐ

夢とは何でしょう？　夢とは、バトンです。

私の場合は、どちらかというと常に自分自身がバトンをもって人生を独走するタイプです。

けれども「死ぬまでそのスタイルでいけるのか」というと、そうではないと思っています。

いずれ他者にバトンをつないでいく必要があるのです。

人は必ず死にます。けれども、夢は生き続けることができるのです。

バトンをもって走るとは、夢をもって生きること。走るとは、生きることなのです。

やがて、誰かに夢というバトンを渡すために必要なことの1つ目は、自分がバトンをもっている意識と確認です。

手ぶらで走らない

人生というのは、死ぬまで終わりがありません。そうであるならば「誰に、いつバトンを渡すか」この見極めが重要なことになります。

では、バトンを渡す人をどうやって見つけるのでしょうか？

まずは、バトンをもっていることをアピールしなければ受け取ってくれる人が現れないのは当然のことです。

だから、夢というバトンをもって走っているということを自分でも意識して、そして、周りに知らしめていくことが大切です。

ただし、そうしたからといってバトンを受け取ってくれる相手がいつどこから現れるかは、わからないものなのです。

人生のリレーというのは死ぬ時がゴールの長距離戦です。ですから「今はバトンを渡せる人がいないな」と思っていたとしても、何も諦めたり、焦ったりする必要はありません。なぜなら、あなたがバトンをもって走っているその姿を見てくれている人が必ずいるからです。次にバトンを渡せる人はどこから現れるかわからないのです。

だから大切なことは、手ぶらで走るなということです。

手ぶらとは、夢をもたずに人生を送っていることです。

しっかり見てくれる人にバトンを渡す

そして、どこに向かっているのかという方向性が大事です。

夢のバトンを引き継ぐときに、その夢が自分と全く同じ夢である必要はないと思っています。けれども夢の向かう方向が同じかどうかは見極めが必要です。大切なのはどこに向かっていこうとしているか、という方向性です。

仮に途中でアクシデントがあって、走れなくなることもあるかもしれない。

また、一度渡したバトンをリレーのようにまた受け取る側に立つということもあるかもしれない。自分に余力があれば、まだ渡さないで自分でもっておくという判断もあるかもしれない。

けれども、私が夢というバトンをもって走り続けていることを見てくれている人がいる。しっかりと見てくれている人にそのバトンは渡していく。この心構えが大切だと思っています。

そして私はいずれにしても死ぬ瞬間まで夢をもって走り続けたい、と思います。

2
自己満足で終わるにはもったいない。想いは伝染するのだから

想いは伝染する

想いがあります。その想いが人を感化していきます。

だから想いは人に伝える必要があります。「自分にはこんな想いがあるのだ」ときちんと言葉や行動で伝えていく。その必要があります。

なぜなら想いは伝染するからです。

私には「夢・希望・感動を与える」という人生の目標があります。

与えると思っているだけでは自己満足になってしまうこともあります。

想いは言葉や行動にしないと伝わらない。だからきちんと言葉にして伝え、発信し、行動して表現することが大切なのです。そうやって想いを伝染させていく。

そうすることで自分にとってだけではなく、周りの人にとってもよりよい未来になっていきます。人から人へ、親から子へ、1人から10億人へと伝えられれば世界も変わるでしょう。

共鳴してくれる人

想いが伝わるということは、わかり合えるということ。

たとえば、私は多くの方々の前でお話しすることがありますが、その方々は何かしらの反応をしてくれます。

中でも「うん、そうそう」という感じでしっかりと頷いて聞き入れてくださることはとても嬉しいことです。

つまり、共鳴してくれる人がそこに現れたということです。

共鳴することによって、その人の中で忘れられていたことや大切にしていた夢を思い出すきっかけになるからです。

夢を発信し表現しているからこそ、そこに共鳴する人が現れますが、一方で、ネガティブな反応が返ってくることもあります。それぞれの想いや考えは十人十色だからです。

全員が頷くなどということは、独裁政治でもない限りあり得ません。

もし、自分が発信した夢に対し快く思わない反応が返ってきたとしても、いちいち反応も反論もしません。

それは夢を追っている時間が大切な時間だから。ネガティブに振り回される時間は無駄な時間だからです。

たとえば、私はスノーボードで七大陸の最高峰を制覇するという夢に向かっています。その夢に対しても、他人の反応はさまざまですが、中には「応援する気はない」とわざわざ伝えてきてくれる人もいます。

人の幸せのための夢

もし、夢を打ち消すようなネガティブなことを言われたら、そこにいちいち反応をしなくていいのです。

七大陸制覇の夢というのは、私がやりたくてやるのですから、そこに共感してもらえない人に無理強いして説得する必要はないと思います。

私は、かつて世界一になりました。今度は、世界初を目指しています。

その夢に向かいたいので進んでいます。そのために時間を使うことが大切なことであって、相手の考え方を訂正する時間はないのです。

ネガティブな意見に反応も反論もしないのは、ひとえに夢が大切だからです。その夢を自分で汚すようなことをしないという意味で、反論に時間は使いません。

自分の夢を小さくしていく原因は、結局のところ自分にあります。

そして、だからこそ、夢が人の幸せのためになっているということも大切になるのです。

3

1つの夢を達成しても人生は長い。最後の最後まで楽しもう

ワクワクドキドキ

人生最期の時まで楽しむためには、少年少女のような心をもつことが必要。

夢をもっているときというのは、自分自身の中に冒険心をもっているとき。まるで少年のようにワクワクドキドキ、ときめいている心。夢に向かい続けるためには、その心を死ぬまでもてるかどうか、が大切なのです。

私も、今、世界初のチャレンジの途中ですので、ともてワクワクしています。

１つの夢に向かって邁進している途中では、もちろん苦しいことも大変なこともあります。

たとえばアスリートの場合、練習はきついものですし、練習に対してドキドキワクワクするかというと、そういうことはありません。

その先にある夢を描いているからワクワクドキドキしながら取り組むことができるのです。

その練習があって大会で優勝した時の喜びはとても大きいものです。

誰もが知る発明家のエジソンは『99％の努力、１％のひらめき』という言葉を残しています。つまり、その１％のひらめきのために99％の努力があったということ。

それと同様に、１％の夢の実現のために99％の努力や練習があります。

1％の夢

自分の心をワクワクさせる夢があれば、たとえ99％が苦しくても、その１％のために不思議と前を向いて進んでいけるものです。その夢に向かって進んでいる時間は、特別で輝いているのです。

1%の夢を100%信じて追いかけることが、人生を楽しむ秘訣。
99%だけを見ているとワクワクはしません。描いた1%の夢を見てワクワクしながら死ぬまでいけるかどうか、が大切なのです。

要するに、見方を変えることが楽しむための秘訣となります。どこを見ているか、でワクワクするかどうかが決まるのです。

「あなたの夢は何ですか?」と質問されて「夢は死ぬことです」という人はいないと思うのですが、死は人生の終着地点であって必ず誰にでも訪れます。だから、死ぬ時の最後の言葉がどうなるか、が1つの勝負だと思っているのです。

私は最期の言葉を決めています。

「やりきったー!」

本書を読んでいる方にも是非その言葉で人生を終えてほしいと願っています。

夢の最終地点

最終的な夢はやりきったと言える人生を送るということです。後悔や悔いが残るということは、やりきっていない証拠。私はそんな生き方をしたくない。

人生のゴールが、夢の最終地点。人生が長いと感じるか、短いと思うかは人によると思います。

しかし、平均寿命から、約80年生きると考えると、私はその時間を「短いな」と感じます。

だからこそ、人生の時間の中で「自分はいったい何ができるのか？」と考えて『夢をやりきる』ことで、その人生は濃厚な人生になると信じて走っています。

4

ナンバーワンはオンリーワンへの最短ルート。認知されなければ伝わらない

ナンバーワンを先に勝ち取る

オンリーワンになるためにはどうしたらいいと思いますか。それは先にナンバーワンを勝ち取ることです。

なぜなら誰もが自分はオンリーワンであると感じていても、それが周囲に認識されなければ、本当の意味でオンリーワンとして輝くことはできないからです。

「これは自分だけがやっている」「ここにオリジナリティーがある」と考える人

は多いでしょう。しかし、その価値をどれだけの人が知っているでしょうか？

あなたを知ってもらう、また、周りに認知してもらうためにどうすればいいのかというと、ナンバーワンを勝ち取ること。そうすることで、周りからもオンリーワンだと認めてもらえるようになります。

もし、そのナンバーワンというプロセスを踏まないままでいくと、実はあなたのせっかくのオンリーワンは自己満足で終わってしまう可能性が高いのです。

ナンバーワンからオンリーワンへ

この考え方が逆になっていると、あなただけのオンリーワンとして認めてもらうことが難しいです。

つまり、あなたがオンリーワンだからそのままナンバーワンになれるのではなくて、その業界のナンバーワンになってからオリジナリティーを前に出していくことで、オンリーワンとして認めてもらえるようになるということなのです。

有象無象の中の１人にしかすぎない中で、埋もれてしまうことはもったいないと思っています。

まずは、その業界のトップになれ！　ナンバーワンになれ！

これがオンリーワンの最短ルートです。

では、どうやってナンバーワンになっていくのでしょうか。

それをここまで書いてきましたので、もう一度読み直してみてください。そこに答えやヒントが散りばめられています。

最初は真似する。模倣することなのです。その業界には必ず先人がたくさんいるわけで、そこにはナンバーワンが存在します。

ですから、最初はその模倣でいいのです。そこを真似して努力していくうちに、やがて自分がナンバーワンになる。

すると周りにも明らかに知られていくようになります。

その業界の一番となった段階まできてから、自分のアレンジを加えていくことでオンリーワンになることができます。

オンリーワンの技をもつ

オンリーワンになる素質はもっているのに、オンリーワンとしての形がつくれていないのは、この順番が守れていないから。

もちろん、オンリーワンを目指すというのはすごく大切なことで素晴らしいことです。

その事実があるにもかかわらず、オンリーワンとしての表現ができていないし、伝わっていかないという結果になってしまうのです。

私自身もスノーボードという業界で、自分だけの技をつくっていました。そこに至るまでは、ほかの強い選手を研究して、それと似たような形でやってみて成績を出しつつ、一番を取るということを重ねてきました。

そしてトップになったら、それまで真似してきたことにプラスして自分のオリジナリティーを少しずつ加えて、オンリーワンをつくり上げていきます。

一番になったからこそ「自分だけのオリジナル技を使って一番になることができた」と言うことができます。

そして、このオンリーワンの技を使って一番になったと言えること自体が、感化力になって、誰かの希望になっていく、そういった手順です。

真似する側から真似される側へ。

その業界でナンバーワンになることがオンリーワンへの近道になります。

そして、自分の強みを武器にしてナンバーワンを目指すことが、他者に影響を与え、新たな価値を生み出す原動力となるのです。

5 新たな挑戦は生きる活力になる。未来は自分の手でつくることができる

常に挑戦

挑戦なくして未来はありません。

なぜなら、向上心がなければ現状維持を続けていても、下降線の一途を辿るしかないからです。

だから、常に挑戦。挑戦し続けていると、また次の新たな挑戦が泉のごとく湧いてくるのです。

私の場合、好きなことややりたいことはいくらでもあるので、新しい挑戦がどんどん自分の中から出てきます。

しかし限られた時間の中での挑戦ですから、必要なのは取捨選択することです。

優先順位をつけなければいけません。

優先順位をつける時に、まず『本当にやりたいこと』から選んでいきます。そ

れは、たとえどれだけ苦労をしたとしても勝ち取りたいものです。

ついつい簡単に取れるものを優先してしまっていませんか？　でも、簡単に取れるものを取ったところで面白くないですよね。

軽くジャンプして触れるものは目標

そのように考えていくと、まず普通に立って手を伸ばせば届くものは、これは夢ではありません。

では、軽くジャンプして触れるものはどうでしょうか？

それも夢とは言えません。軽くジャンプすれば何とか触れるものは目標と言うのです。


一方、走っていって思い切りジャンプしたら何とか手が届きそう、というものが夢なのです。

夢が素晴らしいことの1つは、ギリギリ届くか届かないかのところにチャレンジし続けることができること。ギリギリがワクワクを呼んできます。

その届くか届かないかの夢をシャボン玉にたとえてみましょう。

高いところにあるシャボン玉に触りたいと思ったらどうしますか？　飛び上がります。ジャンプします。より高く飛ぶためには、その前に走ります。

ギリギリのところにあるシャボン玉を追いかける

夢を手に入れるには、まず飛べるか走れるか、ということが重要になってきます。

走れなければ飛べません。飛べなければ届きません。走って飛んで、ようやくギリギリのところにあるシャボン玉に手が届く。

「うれしい！」と思ったその瞬間。シャボン玉のようにさらに上にふっと上がっていってしまうのです。

触れることは喜びです。シャボン玉はやがてはじけるからです。はじける前に自分が触れるか。はたまた手が届く前にはじけてしまうかという勝負なのです。

この戦いをしている時は最高に楽しい。なぜかと言えば、その時にはシャボン玉しか見えていないからです。つまり、夢に集中している状態。周りのことなど関係ないのです。子どもの頃に夢中でシャボン玉を追いかけた時のことを思い出してみてください。

集中して夢を追いかける。そして、その夢があるからみんなと一緒に走ることができて、飛ぶことができる。常に夢が見えている人生、こんなに楽しく幸せなことはありません。

挑戦なくして、未来なし。

未来とはシャボン玉を設定することです。

6

夢は美容と健康にも効果的。体力がないと夢に向かって走れない

私の夢

イメージしてみてください。自分がいつまでも若々しくて、そして元気に走り回れる人生であることを。

私は今『七大陸の最高峰をスノーボードで制覇』というのを1つの夢としてかかげています。

その夢を実現していく中で新しい山男のイメージをつくっていくことを楽しん

でいます。

山男と言ったら、顔はまばらに黒く日に焼けていて、髭がぼうぼうでがっちりと太っている熊のような体型を想像するかと思うのですが、私がつくろうとしている新しい山男のイメージは、かっこいいのです。

そういう自分のイメージをつくって、そのとおりに実現することが楽しみです。

夢実現に自分のメンテナンスは不可欠

大きな夢を実現しようとしたら、メンテナンスは重要です。体重は、重いよりも軽いほうがいい。そのほうが山にも登りやすいです。不摂生していると、夢という幸せから遠のきます。体が太りすぎているのにとても体力がある、という人はほとんどいません。

また、身だしなみにも気をつけるほうがいいと思っています。私の場合、スノーボードをやり続けているので、常に化粧水、乳液で肌を整えています。

直射日光を浴びることをずっとしているのでケアはしっかりと行っています。

実は私は化粧ポーチならぬ童夢ポーチというのをもってケアしています。

髭も伸びているのと、あえて伸ばしたのでは違います。きちんと整えているかどうかで全然、清潔感が違います。

私は人に見られる仕事をしているのでメンテナンスは当たり前だと思ってケアしていますが、本当は誰でも誰かには見られています。

その意識をもつだけでも、自然とそういった身だしなみがちゃんと綺麗にできるようになります。

見られていると思うから、しっかりと自分を整えるのです。

応援してもらうには清潔感が必要

夢に向かっていくには、応援してもらうことがとても大切で、応援してもらうためには清潔感が必要です。

人としてかっこいいと思われないと、憧れの対象にならないし、応援もされません。誰かに見られているという意識は常にもっていたいものです。

「あの人みたいになりたい」と思われるように常に気を配っています。美容も大事だと心がけています。

人から「かっこいい」と思っていただけるようになること、これがなぜ重要なのでしょうか?

それは、憧れた人のところに「あのようになりたい」と言って後継者が現れるからです。

夢というバトンをもって颯爽と走っている人のところにこそ、そのバトンを引き継ぎたいという人が現れてきます。

スマートであること。ちゃんとケアすること。そのことによって、美容面でも体力面でも、あらゆる面で憧れの存在になることが誰にとっても大切であるということを伝えたいと思っています。

常に誰かに見られているということを意識することが、夢のバトンを渡すために重要なことだと思って、私も颯爽と走り続けます。

7

〝童〟心のまま自分の〝夢〟を追い続ける。〝憧〟れだけで〝儚〟く散らさない

童心に帰る

夢をもつとは、童心に帰ること。あのワクワクしていた少年少女の頃の思いをもち続けながら走り続けること。

「若いから夢を追うことができる」とよく言われることがあります。でも、それは違います。若いから夢を追えるのではなく、夢を追い続けているから若いのです。ここはとても大切なところです。

周りの方々を見ても、夢に向かって邁進している人、驀進している人はいつまでも若い。

まるで子どものように、夢に向かってワクワクといろいろな可能性を思い浮かべながら走り続けていたら、いつまで経っても年を取らないのです。

『夢をもつ』とは、童心に帰ること。

私の『童夢』という名前は、これ以上ない名前をつけてもらったと思っています。親には本当に感謝しています。

『童』という漢字にりっしんべんをつけると『憧れ』という漢字になります。憧れはとても大切。だけれども、憧れのままだけだと、実は儚い。それは、儚いという漢字をよく見てもらうと、その理由がわかります。

名前の『夢』という一文字の漢字ににんべんをつけると『儚い《はかな》』という漢字に

なります。つまり、人の夢は自分の夢ではないから、儚いのです。自分のものになっていない。自分事になっていないのです。

本当に夢を自分のものにしていくためには、夢は自分のものだと認識すること。

夢は自分のものである必要があります。

自分の夢とは何でしょう。それを思い出すきっかけは、少年少女の頃にあります。「こうなりたい」「ああいうことがやりたい」と純粋に思っていた頃の自分です。

その時の感覚はまだ残っていますか？

子どもの頃に比べると、大人になった自分は経験値も選択肢も増えているはずです。

ワクワクした夢のある心をもって、なおかつ経験値も選択肢ももっているという状態が、大人。

ということは、夢を実現するためにはあとは行動するだけです。

夢＝憧れ＋行動。

夢実現には夢を思い出すこと

ですから、夢を実現していく手順は、まずは夢を思い出すこと。「そこに行きたい」「あれをやりたい」「こうなりたい」という気持ちを思い出して、そして想い続けることです。そうすると次に協力者が出てきます。

自分の望みを想い続けて、その想いを風化させなければ人生が魔法にかかったかのようにやがて協力者が現れてきます。

協力者というのはそれまで影も形もなかったところからまるで魔法のように現れるものです。

ですが、魔法がかかったわけではなく、それは想い続けた結果なのです。

最後まで諦めないこと

だから最後まで諦めないこと。

最後まで諦めなければ、自分だけの物語は必ずハッピーエンドになっていきます。ハッピーエンドをつくるための最初の一歩は憧れるところから。そして、その憧れを儚い夢で終わらせないために行動していきます。

すると協力者が必ず現れ、結果も現れてきます。

私たちはやがて成長し、いろいろなことができるようになっていきます。

少女の頃の姫の心のままで、また、少年の頃の勇者の心のままで、夢に向かって行動したらそれがそのまま生きるための力になるでしょう。

大人になるにつれて夢が薄れていくのは、知る必要のない現実を突きつけられるからなのではないかと思うのです。現代社会はさまざまな情報が飛び交っていますが、原点に立ち返って動物的本能だけに耳を傾けてみましょう。

そして人間にだけ許された特権である〝夢をもつ〟ことをかけ合わせたら、とんでもない爆発力で夢を実現していくでしょう。何も恐れる必要はありません。

慣れないことやはじめてのことをするのは、誰だって最初は怖いもの。ただ初体験を繰り返していけば、はじめて行うことへの恐怖心も徐々に消滅し、慣れていきます。その感覚をつかめば、あとは実践あるのみ。

夢を諦めず心身ともに成長すれば、必ずその手につかみ取ることができるのです。

夢を追い続ける中で失敗や挫折を経験するかもしれませんが、それらはすべて自分を強くし、夢に近づくための大切なステップであること。

そしてさらに大きな夢へとバトンをつないでいきましょう。

1つひとつの夢をさらに大きな夢へと、自分で自分に次のバトンをつないでいくこと。これができたら、夢だけで飯を食うことができるようになっていきます。

SCARPA

【童夢のこぼれ話　その⑧】

「口」に出して願いを「十」回言うことで『叶』となるように、漢字や熟語を自分なりに解釈するのが好き。

たとえば『運命』なら授かった「命」を自らの手で「運」んでゆき、『宿命』なら「命」を授かったときすでに「宿」っているものであると、似たような言葉でも全く意味合いが変わってくるって面白い。

じゃあ『夢』はどうなんだろ？

本来「暗い」や「よく見えない」という意味からできた漢字らしいけど、正直そんなのはどうでもいい。

草の上で寝転がって湖に映った夕方に輝く月を眺めていたら、自分も真っ暗な中で大きく光る月のような唯一無二の存在になりたいと願って旅に出る１人の青年の物語。

これは超大作映画になる予感がする、うん。

【童夢のこぼれ話 その⑨】

AとBをかけ合わせたら、全く違うCに生まれ変わるって凄いなって。
パンとソーセージでホットドッグ、ご飯と海苔でおにぎり。その最たるものがPPAPなんじゃないかな。
まさか3つの異なる物質をかけ合わせただけで、世界的知名度の楽曲にまでなるんだから凄いよね。

そう考えると、世の中にはまだまだ試されていない組合せが多数存在するんじゃないかな？

おれの場合、アスリートとアーティストを組合せてアーティストリートになる…のは、もうやった。じゃあ、スポーツとポップカルチャーの融合…もやってる。スポーツと教育…はもちろんやってる。趣向を変えて、スポーツとスイーツ…はこれからやる。

基本軸にスポーツを置いているのは、やっぱり好きだからこそかな、うん。

おわりに‥「最高の主役たちが集える場所を、つくりたい」

本書をここまで読んでいただいた時点で、あなたは1％側の人間です。

夢は、性別・年齢・人種関係なくもつことができて、努力によって誰もが達成することができるものです。

また、何かと理由をつけて言い訳することも誰にでもできてしまいます。

あなたはどちら側の人間になりたいですか？

夢に向かって突き進んでいる時間というのは、1つのことに集中している時間です。

その時は、まわりの悪い影響は受けることがないのです。

どんな環境下にいる人でも、夢に向かって走り続けていれば、結果的に自殺者も減っていくと思っています。

世界の一部を除いて、お金がないという理由でご飯が食べられない人はいません。

夢はあくまでも自分がやりたくてやっているものだけれど、見ている誰かを勇気づけられる力がある。そして、どこかの誰かの夢に自分もまた勇気づけられるという連鎖が続き、最終的にはみんながみんな夢に向かって全力で取り組むという環境ができるでしょう。

そうなれば、戦争もなくなり世界平和にもつながっていくと私は願っています。

本書に詰め込まれた夢実現のための要素を死ぬ気で実践できる覚悟を決めた方だけが集まるコミュニティーを私はつくりたい。


みんながみんな本気で夢に向かう。それぞれ、舞台は違っているけれど、自らの舞台で全力で戦う。人生は戦いの連続。時には負けることがあっても、それをバネにして戦い続けることでやがて勝つこともできる。

そのように夢に向かって戦い続ける人を私はリスペクトします。そして私は、そのリスペクトをし合える仲間でありライバルとともに、相乗効果の連鎖が狙えるコミュニティーをつくります。

またこれは、個人だけの問題ではなく家族間・地域間・国家間と徐々に夢の力を広げていけば、夢の拡散ができるようになっていきます。

そのため、このコミュニティーは個人でも入れますが、一家族という単位でも入れるようにしていきます。

本書でも書いていますが、夢を達成させるためには自分の生まれ育った国だけでは視野が狭すぎます。地球規模に視野を広げていきましょう。

一流になるためには一流のものを目で見て肌で感じ、自分自身のモチベーションを高めていくことが重要になることは言うまでもありません。

夢の力は伝染する。それは自分自身がさまざまな夢を叶えてきたからこそ言えることです。みんなはじめは無力です。もちろん私も無力でした。強いて言えば、マイナスからのスタートです。

それでもできたということに意味があると私は思うのです。才能という言葉がありますが、それは努力によっていくらでも覆すことは可能です。

世の中に天才と呼ばれる方はたくさんいらっしゃいますが、同じ天才であれば努力の天才になみなさんなりましょう。人はそれを秀才と呼びます。天才ではなかった自分だからこそこの考えに至りましたし、想いや気持ち1つでどうとでもなるということを立証してきました。

いつからはじめても遅くはありません。ただ、同じはじめるなら今から1％の夢を追いかける人になりましょう。

秀才のみなさん、これから秀才になられるみなさん、お待ちしています。

成田童夢

著者略歴

成田　童夢（なりた　どうむ）

合同会社夢組 代表社員
日本キャスターボード協会 代表理事
アルペンブリックリゾート プレイング
プロデューサー

トリノオリンピックスノーボード日本代表、ワールドカップ優勝など世界を舞台に活躍。
引退後は会社経営ほか、スポーツ解説やメディア出演など活動は多岐にわたる。
自身の経験を通じて、挑戦し続けることで「夢の実現」を果たすための方法を伝えている。
現在「七大陸最高峰および北極点・南極点を滑走滑空」という自身の夢を実現中。

構成協力：天使力コーチング

"夢"だけでメシを食うために読む本

2025年1月30日 初版発行　2025年4月3日 第2刷発行

著　者　成田　童夢　© Dome Narita

発行人　森　忠順

発行所　株式会社 セルバ出版
〒113-0034
東京都文京区湯島1丁目12番6号 高関ビル5B
☎ 03（5812）1178　FAX 03（5812）1188
https://seluba.co.jp/

発　売　株式会社 三省堂書店／創英社
〒101-0051
東京都千代田区神田神保町1丁目1番地
☎ 03（3291）2295　FAX 03（3292）7687

印刷・製本　株式会社 丸井工文社

●乱丁・落丁の場合はお取り替えいたします。著作権法により無断転載、複製は禁止されています。
●本書の内容に関する質問はFAXでお願いします。

Printed in JAPAN
ISBN978-4-86367-943-6